MODERN HUMANITIES RESEARCH ASSOCIATION

CRITICAL TEXTS

VOLUME 8

Editor
MALCOLM COOK
(*French*)

CHARLES-JEAN-FRANÇOIS HENAULT
FRANÇOIS II, ROI DE FRANCE

C.A. Littret, Portrait de Hénault (1765). Collection privée.

CHARLES-JEAN-FRANÇOIS HENAULT
FRANÇOIS II, ROI DE FRANCE

Édition présentée, établie et annotée par

Thomas Wynn

MODERN HUMANITIES RESEARCH ASSOCIATION
2006

Published by

The Modern Humanities Research Association,
1 Carlton House Terrace
London SW1Y 5DB

© The Modern Humanities Research Association, 2006

Thomas Wynn has asserted his right under the Copyright, Designs and Patents Act 1988 to be identified as the author of this work.

All rights reserved. No part of this publication may be reproduced, stored in a retrieval system, or transmitted, in any form or by any means, electronic, mechanical, photocopying, recording or otherwise, without the prior permission of the publishers.

First published 2006

ISBN 0-947623-67-1 / 978-0-947623-67-8
ISSN 1746-1642

Copies may be ordered from www.criticaltexts.mhra.org.uk

Table des Matières

Introduction... 1

François II, roi de France...................................... 29

Appendice 165

Bibliographie sélective....................................... 173

Introduction

FRANÇOIS II. *Tra.* en 5 Ac. en pro. par M. le P. H... imprimée en 1747, *in*-8^0. C'est une pièce dans un genre neuf, & qui n'a pas été composée pour être représentée.[1]

FRANÇOIS II, Tragédie du Président *Hainault*, non représentée, imprimée sans nom d'Auteur en 1747, *in*-8^0: Piece dans un genre unique, qui n'étoit pas faite pour être mise au Théatre, mais dont l'essai fut heureux.[2]

En décrivant ainsi *François II, roi de France*, ces deux dictionnaires dramatiques discernent la qualité expérimentale et innovatrice de cette pièce de Charles-Jean-François Hénault (1685-1770). L'œuvre s'impose comme le premier exemple de deux genres jusqu'alors inconnus en France, le drame historique et « le théâtre à lire » ou « le spectacle dans un fauteuil » (pour anticiper l'expression de Musset). Reconnaissant l'originalité de son prédécesseur, L.-S. Mercier constata en 1785 que « le président Hénault avoit su employer ce nouveau genre de drame qui n'est inventé que pour être lu. Ce genre convient aux tragédies nationales ou à celles qui sont faites pour embrasser un sujet vaste, politique ou intéressant. »[3] Malgré sa contribution originale aux lettres françaises, Hénault est presque complètement oublié aujourd'hui. La célébrité que connaissaient le président et ses œuvres au dix-huitième siècle n'a pas perduré; par exemple, la dernière étude sur lui apparut en 1903. Le portrait qu'en fait Mme Du Deffand, qui était la maîtresse du président pendant un certain temps, sert à identifier son problème: « Il ne manque d'aucun talent; il traite également bien toute sorte de sujets; le sérieux, l'agréable, tout est de son ressort. Enfin M. le président Hénault est un des hommes du monde qui réunit le plus de différentes parties,

---

[1] Antoine de Léris, *Dictionnaire portatif historique et littéraire des théâtres* (Paris: Jombert, 1763), p. 214.

[2] Charles de Fieux, chevalier de Mouhy, *Abrégé de l'histoire du Théâtre Français*, 3 vols (Paris: Jorry, 1780), I, 211.

[3] Louis-Sébastien Mercier, *Portrait de Philippe II, roi d'Espagne* (Amsterdam: 1785), p. lxxiv.

et dont l'agrément et l'esprit sont le plus généralement reconnus. »[1] Considéré comme un homme de société plutôt qu'un écrivain sérieux, il semble que ses habilités éphémères l'aient emporté sur ses talents littéraires. En présentant cette édition critique de *François II*, sa pièce la plus ambitieuse, nous voulons tirer cet auteur de l'oubli dans lequel il languit depuis trop longtemps.

Hénault l'écrivain

Fils d'un riche fermier général, Hénault naquit à Paris le 8 février 1685. Après deux ans à l'Oratoire (1700-02),[2] il entra dans le monde politique sans pourtant renoncer à ses ambitions littéraires. En 1706 il devint conseiller au Parlement, une charge qu'acheta son père selon Charles Collé;[3] et quatre ans plus tard il obtint le poste du président de la première chambre des enquêtes, vacant par le mort de Maupeou.[4] En 1707, l'Académie couronna son discours intitulé *Il ne peut y avoir de vrai bonheur pour l'homme que dans la pratique des vertus*, et l'an suivant il remporta le prix des Jeux floraux, battant La Motte, avec *L'incertitude de l'avenir est un bien qui n'est pas assez connu*; ces deux essais se trouvent parmi les manuscrits de l'auteur conservés à la bibliothèque de l'Arsenal.[5] Tous ses écrits n'étaient pas aussi sérieux; il observe dans ses mémoires que « Dans les premières années que j'entrai dans le monde (1712), je donnai quelques chansons qui firent faire attention à moi »,[6] et parmi ses manuscrits se trouvent nombreux chansons, odes et madrigaux, dont ses contemporains se souviendraient plusieurs ans plus tard. Collé

---

[1] Marie de Vichy-Chamrond Du Deffand, *Horace Walpole's Correspondence with Madame du Deffand and Wiart*, éd. par W.S. Lewis and W. Hunting Smith, 6 vols (London and New Haven: Oxford University Press, 1939), II, 173.

[2] Hénault, *Mémoires du président Hénault* (Paris: Hachette, 1911), p. 11.

[3] Charles Collé, *Journal et mémoires de Charles Collé sur les hommes de lettres, les ouvrages dramatiques et les événements les plus mémorables du règne de Louis XV (1748-1772)*, ed. Honoré Bonhomme, 3 vols (Paris: Firmin Didot, 1868), III, 278.

[4] Hénault, *Mémoires*, p. 33. Henri Lion, *Un Magistrat homme de lettres au dix-huitième siècle. Le président Hénault 1685-1770. Sa vie, ses œuvres d'après des documents* (Paris: Plon-Nourrit 1903), p. 4.

[5] Voir *Manuscrits du président Hénault*, MS 3192, pp. 9-18, et pp. 19-28.

[6] Hénault, *Mémoires*, p. 22.

méprisait ces « quelques petites chansons galantes et fades, que je ne me soucierais pas d'avoir faites, quoiqu'elles aient eu quelque vogue »;[1] et Raynal remarqua que Hénault avait « débuté dans le monde par des chansons charmantes, talent qui, chez une nation aussi frivole que la nôtre, conduit quelquefois à la grande réputation ».[2] Aussi en 1713 mit-il en musique *Diane et Endymion* de Fontenelle. Pour reprendre la phrase de Sainte-Beuve, le président était « avant tout un homme de société »,[3] et ses premiers ouvrages réfléchissent ce statut. Palissot éclaircit le rapport entre l'auteur et ses écrits: « A ne consulter que ces productions légères, le président Hénault n'était pas précisément un homme de lettres; c'était plutôt un homme de très-bonne compagnie, un amateur éclairé, qui se plaisait avec les gens de lettres, qui aimait à leur être utile, qui les secondait quelquefois, et que sa fortune avait mis à portée d'obtenir d'eux et des gens du monde une très-grande considération. »[4] Encore une fois, le statut social de Hénault, « grand favori de la reine »,[5] l'emporte sur ses talents littéraires, et un rapport de parasitisme mutuel se développe entre le président « amateur » et les gens de lettres « professionnels », un rapport vivement critiqué par la *Correspondance littéraire* le 1 février 1770: « Ce brave président, riche, galant, aimable dans la société, faisant bonne chère, et ayant, par conséquent, toute la France à ses soupers, a aussi voulu jouer un rôle en littérature, et cela lui a réussi, du moins pendant quelque temps. »[6]

Le statut littéraire de Hénault ne cesse pas d'être problématique lorsqu'il s'agit de ses œuvres dramatiques. Sa première pièce, la tragédie *Cornélie Vestale*, était souvent attribuée à Fuzelier, et ne

---

[1] Collé, *Journal et mémoires*, III, 279.

[2] *Correspondance littéraire, philosophique et critique par Grimm, Diderot, Raynal, Meister etc.*, éd. par Maurice Tourneux, 16 vols (Paris: Garnier, 1877-82), I, 72.

[3] Charles Augustin Sainte-Beuve, 'Le président Hénault', dans *Causeries du lundi*, vol. XI (Paris: Garnier Frères, 1868), p. 215.

[4] Charles Palissot de Montenoy, *Mémoires sur la littérature*, dans *Œuvres complètes*, 6 vols (Paris: Collin, 1809), IV, 386.

[5] René Louis de Voyer de Paulmy, marquis d'Argenson, *Journal et mémoires du marquis d'Argenson*, éd. E.J.B. Rathery, 9 vols (Paris: Renouard, 1859-67), III, 267.

[6] *Correspondance littéraire*, VIII, 458.

fut jouée que cinq fois en 1713.[1] Hénault la considérait comme une erreur de jeunesse, et avoue drôlement dans ses mémoires que « c'était une déclaration en quinze cent vers où quatre vers auraient suffi ».[2] Malgré ce manque d'enthousiasme, Horace Walpole la fit réimprimer en 1768 dans sa propre imprimerie à Strawberry Hill.[3] La deuxième pièce de Hénault, une tragédie intitulée *Marius à Cythre*, ne connut que cinq représentations en 1715. Bien qu'elle fût parfois attribuée à Gilles de Caux,[4] Lebeau constate dans son éloge du président à Pâques 1771 qu'il en était le seul auteur, et il explique que le défunt président avait donné cette tragédie « sous un nom emprunté [parce que] le titre d'Auteur de théâtre se seroit mal assorti avec ceux dont il étoit déjà revêtu ».[5] Il semble que la publicité qui va de pair avec le titre d'auteur,[6] ne convînt à cet individu soucieux de sa place dans une hiérarchie traditionnelle.

Suite à la mort du cardinal Dubois en août 1723, Hénault fut reçu à l'Académie Française le 23 décembre 1723. Non seulement écrivit-il son propre discours de réception, mais aussi la réponse de son ami Morville. Cette réponse est heureusement vague sur les raisons pour lesquelles le président y mérite sa place, et si Morville prononça qu' « Il y a long-temps, Monsieur, que vostre amour pour les Lettres est celebre dans cette Compagnie », il n'en est pas moins vrai que « tant de talents soustenus » et indéfinis étaient moins décisifs que « des qualitez plus precieuses encore », par exemple « la douceur de vos mœurs, [...] la seureté de votre

---

[1] François Parfaict, *Dictionnaire des Théâtres de Paris*, 2 vols (Paris: Lambert, 1756), II, 199; Joseph de La Porte et Jean-Marie Clément, *Anecdotes dramatiques*, 3 vols (Paris: Veuve Duchesne, 1775), I, 132; et Fieux, *Abrégé*, I, 14.

[2] Hénault, *Memoires*, p.22.

[3] Voir *Horace Walpole's Correspondence with Madame du Deffand*, II, 94; et *Correspondance littéraire*, 1 février 1770, VIII, 457.

[4] Voir La Porte et Jean-Marie Clément, *Anecdotes dramatiques*, I, 527 et III, 228; et Fieux, *Abrégé*, I, 304.

[5] Charles Lebeau, 'Éloge de M. le Président Hénault', dans *Histoire de l'Académie Royale des Inscriptions et Belles-lettres, avec les Mémoires de Littérature tirés des Registres de cette Académie, depuis l'année M.DCCLXX, jusques & compris l'année M.DCCLXXII* (Paris: Imprimerie Royale, 1777), XXXVIII, p. 239.

[6] Alain Viala, 'Le statut de l'écrivain à l'âge classique: notes et remarques', dans *Histoire de la France littéraire*, sous la direction de Michel Prigent, 3 vols (Paris: Quadrige, 2006), II, 80.

commerce, [et] la conciliation que vous apportez aux affaires »,[1] c'est-à-dire des qualités sociales. L'élection de Hénault à l'Académie confirme son importance dans la hiérarchie sociale et culturelle sinon littéraire de son temps. Il continuait à créer des « productions légères » aristocratiques, et il contribua notamment à *La Fête de Bélesbat* de Voltaire, jouée par et devant le cercle de Mme de Prie à la fin de 1727.[2] Les deux hommes se connaissaient depuis plusieurs ans, et vers 1720 Hénault retira le manuscrit de l'*Henriade* que Voltaire avait jeté au feu chez le président de Maisons.[3] Plus tard, il écrivit trois comédies de circonstance – *Le jaloux de lui-même* (représenté pour la première fois le 20 août 1740), *La Petite maison* (début des années 1740), et *Le Réveil d'Épiménide* (1743, publié en 1755) – et *Le Temple des chimères* (représenté en 1758 à l'hôtel de Belleisle).[4]

L'ouvrage qui contribua le plus à la renommée de Hénault est l'*Abrégé chronologique de l'histoire de France*, publié pour la première fois en 1744. Non pas un texte proprement original, l'*Abrégé* est plutôt une œuvre de synthèse et de vulgarisation; sans doute est-ce pour cette raison que Voltaire opina que Hénault « a été dans l'histoire ce que Fontenelle a été dans la philosophie; il l'a rendue familière ».[5] Si le livre connaissait un grand succès public (huit éditions avant 1768, et traduit en italien, anglais, allemand et même chinois),[6] l'accueil critique était nuancé. Les *Nouvelles littéraires* y étaient assez favorables, l'appelant un «morceau précieux qu'on n'estime ce qu'il vaut que quand on l'a lu dix

---

[1] *Discours prononcés dans l'Académie Françoise le Jeudy vingt-troisième de Decembre MDCCXXIII à la réception de M. le président Hénault* (Paris: Jean-Baptiste Coignard, 1723), pp.11-12.

[2] Voir mon article 'A Note on the authorship of Voltaire's *La Fête de Bélesbat*', dans *French Studies Bulletin*, 101 (2006).

[3] Hénault affirma à plusieurs reprises que l'incident eut lieu chez La Faye, mais selon Voltaire, Hénault sauva le manuscrit de la *Ligue* chez Maisons; voir *La Henriade*, éd. par O.R. Taylor, dans *Œuvres complètes de Voltaire* (Genève, Banbury, Oxford: Voltaire Foundation, 1968 -), II, 34-35.

[4] Voir la lettre que Voltaire envoya à Hénault, le 15 mai 1760, D8909; dans *Correspondence and related documents*, éd. par Th. Besterman, dans *Œuvres complètes de Voltaire*, vols 85-135.

[5] Voir Hénault, *Œuvres inédites*, p. 25.

[6] Hénault, *Mémoires*, p. 36; et la lettre qu'envoya Hénault à Voltaire le 29 juin 1763, D11284.

fois », et constatant que jamais « personne n'a mieux connu peut-être et n'a mieux fait connaître le gouvernement, les intérêts, le génie des Français, que cet excellent écrivain ».[1] Mais lorsque Hénault voulut que D'Alembert en parlât dans le 'Discours préliminaire' de l'*Encyclopédie*, celui-ci refusa, avouant à Mme Du Deffand que c'était « un ouvrage utile, j'en conviens, et assez commode; mais voilà tout en vérité: c'est-là ce que les gens de lettres en pensent, c'est-là ce qu'on en dira quand le président ne sera plus ».[2]

Et, en effet, les gens de lettres y étaient hostiles; Collé méprisa l'ouvrage, en notant que « l'on a trop perdu de louanges cette supérieure, cette exquise, cette vraiment bonne table des matières de notre histoire »,[3] et le 1 février 1770 la *Correspondance littéraire* l'appela « le livre le plus loué du siècle: s'il avait été fait par un pauvre diable de littérateur d'un quatrième étage, à peine aurait-il obtenu quelques regards dédaigneux et distraits de nos merveilleux. »[4] Voltaire le « lou[a] tour-à-tour et dénigr[a] outremesure »;[5] bien qu'il eût décrit l'*Abrégé* à son auteur comme « un chef d'œuvre d'esprit et de raison »,[6] il n'hésita pas à insulter le feu président et son ouvrage dans une lettre à Mme Du Deffand:

> Je m'en étais douté, il y a trente ans que son âme n'était que molle, et point du tout sensible; qu'il concentrait tout dans sa petite vanité; qu'il avait l'esprit faible et le cœur dur; qu'il était content pourvu que la reine trouvât son stile meilleur que celui de Moncrif, et que deux femmes se le disputassent. Mais je ne le disais à personne, je ne disais pas même que ses étrennes mignonnes [l'*Abrégé*] ont été commencées par Du Molard et faites par l'abbé Boudot.[7]

---

[1] *Nouvelles littéraires*, dans *Correspondance littéraire*, I, 72.

[2] *Correspondance inédite de Mme du Deffand, avec D'Alembert, Montesquieu, le Président Hénault, la duchesse du Maine*, 2 vols (Paris: Collin, 1809), I, 232.

[3] Collé, *Journal et mémoires*, III, 278.

[4] *Correspondance littéraire*, VIII, 458.

[5] Louis Petit de Bachaumont, *Mémoires secrets*, 36 vols (Londres: John Adamson, 1784), V, 193.

[6] 1 juin 1744, D2983.

[7] 16 décembre 1770, D16838.

En 1748 le président s'offensa aux premiers vers d'un épître de Voltaire, qui dut réécrire « Hénault fameux par vos soupers / Et par votre chronologie », comme « Vous, qui de la chronologie / Avez réformé les erreurs ».[1] C'est à partir de cette époque que Hénault commençait à vouloir être reconnu comme auteur, c'est-à-dire comme celui « qui a composé un Livre, qui a fait quelque Ouvrage d'esprit, en vers ou en prose ».[2] Sortant des coulisses d'un monde salonnier pour apparaître sur la scène publique, il revendique le titre d'écrivain avec ses deux ouvrages les plus importants, lesquels, selon Fréron, attestent le génie de leur auteur:

M. le président Hénault est né pour créer et pour perfectionner de nouveaux genres. Son *Abrégé chronologique de l'histoire de France* et cette pièce de *François II* en sont des garants immortels.

Sans doute cette affirmation s'est-elle avérée trop optimiste, mais en associant l'*Abrégé* et *François II*, Fréron nous encourage à voir que ces deux textes partagent le même désir de trouver de nouveaux moyens pour mieux comprendre l'histoire.

François II: une pièce expérimentale et paradoxale

Hénault n'était pas le seul écrivain qui se préoccupât de créer une méthode efficace et agréable d'apprendre et de retenir l'histoire. Il possédait, par exemple, un exemplaire de la *Pratique de la mémoire artificielle* (première édition en 1705), dans laquelle le Père Buffier reconnaît que parmi tous les livres sur l'histoire l'on « n'en trouve point qui fournisse un moyen pour faire entrer aisément dans l'esprit la suite des temps et des événements, et moins encore pour faire que la mémoire les retienne »; sa solution est de suivre l'exemple de Denis Petau et Philippe Labbe, et d'écrire l'histoire en « vers techniques ou artificiels, lesquels d'un côté par le tissu de certains termes choisis et serrés, sont propres à réveiller l'idée d'un très grand nombre d'événements et d'époques ».[3] Tout comme ce père jésuite, Hénault l'historien

---

[1] Voltaire, *À M. le président Hénault*, éd. par Ralph A. Nablow, dans *Œuvres complètes*, vol. 30A, 477.

[2] *Dictionnaire de l'Académie Française*, 2 vols (Paris: Brunet, 1762), I, 136.

[3] Claude Buffier, *Pratique de la mémoire artificielle, pour apprendre & pour retenir l'histoire & la chronologie universelle* (Paris: Giffart, 1719), pp. 5-6. Ce texte se trouve au numéro 1078 dans le *Catalogue des livres de la bibliothèque de*

reconnaît les limites de sa discipline, mais sa solution est d'ordre différent, comme l'explique l'importante préface qui précède la pièce: « Le grand défaut de l'Histoire est de n'être qu'un récit: & il faut convenir que les mêmes faits racontés, s'ils étoient mis en action, auroient bien une autre force, & sur-tout porteroient bien une autre clarté à l'esprit » (p. 31). Cette observation rappelle la notion aristotélicienne que la tragédie est « une imitation qui est faite par des personnages en action et non au moyen d'un récit », mais tandis que pour Aristote l'histoire « raconte les événements qui sont arrivés » et la poésie « des événements qui pourraient arriver »,[1] Hénault, prenant sa distance du philosophe, insiste sur l'exactitude historique de sa pièce: « L'histoire de ce temps-là y est conservée dans la plus grande fidélité; c'est une concordance de tous les écrivains contemporains; et ce qu'il y a de singulier, c'est que cette pièce en cinq actes ne laisse pas d'être intéressante. »[2]

Frances Yates a analysé les rapports entre la mémoire et le théâtre pendant la Renaissance, et elle a décrit comment des figures comme Giulio Camillo et Robert Fludd se servaient du dispositif théâtral pour mieux organiser et rappeler l'expérience humaine, qui est *à priori* de nature fragmentaire et éphémère.[3] Hénault revient souvent aux liens entre théâtre, mémoire et (im)permanence, comme en témoignent *Le Réveil d'Epiménide*, *Le Temple des chimères* et son *Essai sur la tragédie et la comédie*, dans lequel il distingue les deux genres par rapport à leur capacité à fixer et à éterniser des actes et des émotions fugitifs.[4] Et si *François II* s'inscrit de façon générale dans la lignée identifiée par Yates, l'ambition du président y est néanmoins différente, puisqu'il utilise

---

feu M. le président Hénault (Paris: Prault, 1771); ce catalogue fut dressé lors de la vente de ses livres en mai et juin 1771.

[1] Aristote, *Poétique*, trad. par J. Hardy (Paris: Gallimard, 1996), pp. 87 et 94.

[2] Hénault, *Mémoires*, p. 36.

[3] Frances Yates, *The Art of Memory* (Londres: Routledge, 1966), pp. 129-59 et 320-67.

[4] Cet essai se trouve dans les manuscrits du président à la bibliothèque de l'Arsenal, ms 3192, pp. 47-57. Ce manuscrit ne porte pas de date, et Hénault n'en parle pas dans ses mémoires. Il se peut que l'essai du président soit une réponse à la question que lui posa le duc de Nivernais en 1751, « Quel est le genre le plus difficile, la tragédie ou la comédie? »; voir Lion, *Un Magistrat homme de lettres au dix-huitième siècle*, p. 362.

le théâtre afin de représenter (au sens de rendre présents et d'actualiser) de manière efficace ses personnages historiques – à une exception près. Son but est donc de présenter la vérité historique en forme théâtrale pour qu'on puisse en apprécier plus clairement les enjeux, et il écrit dans la préface que l'on « pourroit y avoir recours comme à un véritable Historien, soit pour bien connoître les vrais motifs de ceux qui ont agi, soit pour être instruit sûrement des circonstances » (pp. 32-33). Il écrivit quelques ans plus tard à sa nièce la comtesse de Tillières que « la morale est le vrai but de l'histoire, et le chemin le plus court pour y parvenir est le dialogue ou le drame. Voilà un grand mot ».[1]

Innovateur littéraire, Hénault est aussi un écrivain classique, et la forme et le contenu de *François II* sont inséparables. Tout au long de la pièce existe une tension entre l'absence et la présence, le vide et l'excès, tant au niveau de l'intrigue qu'à celui de la construction. Le premier acte s'ouvre sur le corps du feu roi Henri II, tué lors d'un tournoi pour fêter les deux mariages de sa fille Elisabeth à Philippe II d'Espagne, et da sa sœur Marguerite au duc de Savoie. Son fils François II ne saura jamais remplir cette absence de pouvoir royal. Trop jeune et trop malade pour régner tout seul lorsqu'il succède au trône en 1559, le roi laisse gouverner le cardinal de Lorraine et le prince de Guise, oncles de sa femme Marie Stuart. Cette absence se rend visible à la scène deux du deuxième acte, au conseil à Fontainebleau où se trouve « le fauteuil du Roi […] vide dans le milieu » des factions rivales. Nous distinguons ici une des qualités les plus remarquables de cette pièce paradoxale; on pourrait bien imaginer que c'est le portrait du roi, mais en fait ce personnage n'entre jamais sur scène. Hénault prétend que ce prince jeune et maladif ne peut « jouer un rôle convenable dans cette Piéce » (p. 37), et il est vrai que, par rapport à leurs homologues d'Outre-Manche, les dramaturges français étaient bien pointilleux sur la représentation d'un roi malade:

Les mœurs anglaises permettent au théâtre les plus rebutantes vérités; on y représente Richard III avec toutes les

---

[1] Datée le 4 juillet 1753, cette lettre se trouve aux archives départementales de l'Orme à Alençon, dans le fonds du chartrier de Carrouges, ms 34J7 *Correspondance adressée par Ch. Hénault à la comtesse de Tillières (110 pièces) (1744-1761)*. Sur ce fonds, voir Louis Bergès, *Château de Carrouges: chartrier et papiers de la famille Le Veneur, 1394-1925: répertoire numérique détaillé de la sous-série 34 J* (Alençon: Archives départementales de l'Orne, 1995).

> défectuosités qu'il tenait de la nature. [...] Le parterre français n'admet dans la tragédie que des figures élégantes et nobles; il rirait en voyant une bosse et des jambes torses au personnage qui doit exciter sa terreur ou sa pitié. Tout le monde sait que le plus grand monarque peut être aussi mal fait, aussi laid, avoir l'air aussi commun que le dernier paysan de son royaume; que les besoins corporels, les maux physiques, les habitudes familières semblent le rendre égal à tous les autres hommes; mais, quel qu'il soit, le respect que son rang imprime, le sentiment de crainte ou d'amour qu'il inspire, le faste dont il est entouré rend toujours son aspect imposant.[1]

Certes, Hénault se soucie de la bienséance, mais nous aurions tort de nous limiter à une telle explication. Comme dans *La Mort de Pompée* de Corneille (à laquelle sa préface fait allusion), l'absence du héros éponyme provoque une crise politique; aussi cette absence est-elle, chez Hénault, l'origine des événements sanglants qui tachent ce règne malheureux: « Le sujet de cette Piéce est la jalousie des Princes du Sang contre Messieurs de Guise, qui s'étoient emparés du gouvernement de l'Etat sous le Régne de François II » (p. 40). Coincée entre ces deux partis se trouve la reine mère Catherine de Médicis, femme ambitieuse, superstitieuse et jalouse de son pouvoir déclinant, et peut-être la véritable héroïne de la pièce.[2] Face à cette absence d'autorité royale, les ambitions excessives des courtisans ne peuvent être que néfastes: « Jamais tant de grands hommes n'environnérent le trône, & ce qui en fait ordinairement la puissance, en sera peut-être aujourd'hui la destruction » (I, 6). La résolution de cette tension entre absence et présence n'est que passagère lors de la mort du roi le 5 décembre 1660, car ce court règne est « la source des malheurs qui inondérent les Régnes suivans » (p. 36).

En créant *François II* Hénault s'inspira de Shakespeare, en particulier de son *Henry VI*, qu'il lut dans le premier volume du

---

[1] Claire Josèphe Hippolyte Legris de La Tude (dite Mlle Clairon), *Mémoires de Mlle Clairon* (Paris: Ponthieu, 1822), pp. 247-48.

[2] Dans son *Nouveau dialogue des morts* (écrit après 1746), Hénault décrit Catherine de Médicis comme « une maîtresse femme celle-là, en qualité de fille de garde-robe »; voir S. G. Longchamp et J.-L. Wagnière, *Mémoires sur Voltaire, et sur ses ouvrages*, 2 vols (Paris: Aimé André, 1826), II, 467.

Théâtre anglais (1746-49) de La Place.[1] Selon le président, c'est une pièce qui combine la vérité historique et le plaisir dramatique pour présenter des personnages réels devant le lecteur: « j'ai trouvé les faits à-peu-près à leurs dates: les principaux personnages de ce tems-là mis en action, ils ont joué devant moi; j'ai reconnu leurs mœurs, leurs intérêts, leurs passions qu'ils m'ont apprises eux-mêmes » (p. 32). Quoique Hénault critique « les grossiéretés & les extravagances » (p. 31) du dramaturge anglais,[2] celui-ci lui sert d'exemple pour s'affranchir des règles du théâtre classique français (et de la tragédie en particulier) dont les attributs formels sont absents de *François II*, comme le remarque Fréron le 18 novembre 1757:

> En effet, on n'y trouve ni le langage propre de Melpomène, ni les trois unités observées par nos Poëtes Dramatiques. Les Acteurs ne parlent qu'en prose; la scène change d'appartemens, de palais, de villes, & même de Provinces; l'action ne se passe point dans les vingt-quatre heures, mais embrasse un intervalle de 17 mois, & l'intérêt est partagé entre plusieurs Interlocuteurs. Cependant, Monsieur, cette Pièce ne laisse pas d'avoir un intérêt général & une action déterminée. C'est un grand morceau d'histoire mis en scènes.[3]

François II se caractérise, on l'a déjà dit, par l'absence, mais si sont absents les vers alexandrins et les trois unités, ce n'est pas parce que l'auteur s'inspire, par exemple, de La Motte qui prône (du moins de façon théorique) la tragédie en prose.[4] Ces attributs

---

[1] Voir *Henry VI, roi d'Angleterre. Tragédie de Shakespeare*, dans Pierre Antoine de La Place, *Le théâtre anglois*, 8 vols (Londres: 1746-49), I, 173-292; voir numéro 725, *Catalogue des livres de la bibliothèque de feu M. le président Hénault*.

[2] Notons, en passant, que lorsque Hénault décrit dans son *Nouveau dialogue des morts* une réunion aux Champs-Élysées d'une « vingtaine de personnes » illustres, Shakespeare n'y figure pas. Les assistants nommés sont Homère, Sophocle, Euripide, Anacréon, Salluste, Virgile, Corneille, Molière, Racine, Quinault, La Fontaine, Boileau, Newton, « un Anglais qui a bien l'air d'un fou, mais qui pourtant a travaillé sur le Paradis » (c'est-à-dire Milton), et Voltaire. Voir *Mémoires sur Voltaire, et sur ses ouvrages*, II, 469-72.

[3] *L'Année littéraire*, VII, 245.

[4] Voir, par exemple, Russell Goulbourne, 'The eighteenth-century 'querelle des vers' and Jean Du Castre d'Auvigny's *La Tragédie en prose*', dans *SVEC* 2000:05, pp. 371-410.

sont absents parce que, et Hénault insiste sur ce point à plusieurs reprises dans la préface, ni *Henry VI* ni *François II* n'est une tragédie: « Je le répete encore, ce n'est point une Tragédie que j'ai prétendu faire » (p. 37). Ce n'est pas par hasard que Hénault, qui écrivait de la poésie pendant toute sa vie, commence sa 'non-tragédie' par un alexandrin parfait, qui est, tout comme le titre de la pièce, un leurre. L'auteur veut tromper son lecteur, qu'il méprenne *François II* pour une tragédie classique, afin que l'originalité de la pièce soit plus claire.

La différence essentielle entre une tragédie traditionnelle et la pièce du président n'est pas que celle-ci renonce à exciter la terreur et la pitié; au contraire, cet effet est fondamental à son projet de combiner le théâtre et l'histoire. Il s'agit plutôt de l'intérêt dramatique, dont Hénault écrit qu'il y a deux sortes dans une tragédie, l'un général et l'autre de détail. L'intérêt général « ne sauroit se trouver ici par le manque d'unité d'action » parce que la pièce traite non pas du *roi* mais de « la totalité d'un Régne » (p. 33), c'est-à-dire du sujet diffus (parce que trop *détaillé*) des conséquences personnelles, nationales et internationales de « la jalousie des Princes du Sang contre Messieurs de Guise » (p. 40). Hénault n'a pas pourtant de terme convenable pour ce nouveau genre, et une phrase contradictoire dans ses mémoires révèle son incapacité à bien décrire la nouveauté qu'est *François II*: « Je donnai, en 1747, la tragédie de *François II*, ouvrage tout aussi nouveau, dans son genre, que le *Nouvel Abrégé chronologique* ».[1] Il ne se disposait pas du terme « drame historique » pour nommer ce qu'il ne savait définir que comme (ou par rapport à) une tragédie.[2] *François II* est sans doute le prototype de ce genre qui emprunte ses sujets à l'histoire, renouvelle la notion de héros, et choque par la remise en question des unités classiques, y compris l'unité d'action.[3] Ainsi Hénault ouvrit-il un nouveau champ à la prochaine génération de dramaturges français. D'Argenson discerna en novembre 1772 son influence sur Mercier: « Le drame

---

[1] Hénault, *Mémoires*, p. 36.

[2] La Porte et Clement n'avaient pas de mot non plus pour décrire la pièce: « C'est moins une véritable Tragédie, que des faits Historiques, mis en Dialogue. » Voir *Anecdotes dramatiques*, III, 229.

[3] Voir « Drame », dans *Le Dictionnaire du littéraire*, sous la direction de Paul Aron, Denis Saint-Jacques et Alain Viala (Paris: PUF, 2002), p. 157.

de *Jean Hennuyer*, en trois actes et en prose, est dans le goût de la pièce de *François second*, de M. le président Haynault, c'est-à-dire, qu'il roule sur des faits historiques et en embrasse une grande quantité ».[1] En naturalisant le drame historique, *François II* offrit donc de nouvelles possibilités dramatiques, dont allaient profiter Alexandre Dumas, Victor Hugo et Alfred de Musset, entre autres.[2]

Nous percevons une tension comparable entre l'absence et la présence, le vide et l'excès dans la construction et la présentation de la pièce, car la scène matérielle est absente ici. *François II* est une œuvre faite non pas pour être représentée mais pour être lue. La scène est présente, mais de forme virtuelle dans l'esprit du lecteur. Tandis qu'un tel genre existait depuis au moins un siècle en Angleterre, où il s'appelait « closet drama », il était inconnu en France où, selon plusieurs contemporains du président, *François II* fut la première pièce écrite pour la scène imaginaire. Il est vrai qu'Aristote avait écrit que « la tragédie, même sans la gesticulation, produit encore l'effet qui lui est propre, aussi bien que l'épopée; car par la simple lecture on peut voir clairement quelle en est la qualité », mais puisque « ce sont des personnages en action qui font l'imitation »,[3] c'est un genre qui est fondamentalement destiné à la représentation matérielle. Il en va de même chez Molière, qui écrit dans *L'Amour médecin* (1665): « On sait bien que les comédies ne sont faites que pour être jouées, et je ne conseille de lire celle-ci qu'aux personnes qui ont des yeux pour découvrir, dans la lecture, tout le jeu du théâtre. »[4] La lecture des pièces dramatiques peut donc donner du plaisir, comme en témoigne *La Lecture de Molière* de Jean-François de Troy (*c.* 1730), mais le projet de Hénault de n'écrire que pour le théâtre intérieur est, comme prétendent ses contemporains, innovateur en France.

Il est néanmoins difficile d'identifier ce qui s'appellerait « le spectacle dans un fauteuil », parce que les intentions de l'auteur risquent de nous tromper, tant il est facile de prétendre que l'on n'a

---

[1] D'Argenson, *Journal et mémoires*, VI, 223.

[2] Voir Gaston Bizos, 'Un essai de drame historique en prose au XVIIIe siècle: Le *François II* du président Hénault', dans *Revue d'art dramatique* (avril-juin 1886), 251-64.

[3] Aristote, *Poétique*, pp. 137 et 87.

[4] Molière, *Œuvres complètes* (Paris: Seuil, 1962), p. 311.

aucune envie de voir sa pièce représentée à la Comédie-Francaise, bien qu'on en meure d'envie. En général Hénault se tait sur cet aspect de *François II*, mais toujours est-il qu'il insinue que son ouvrage ne fut composé que pour la scène imaginaire. Par exemple, la didascalie qui explique qu'il « faut imaginer que la Piéce est représentée, & que l'Acteur entre ici dans une espéce d'entousiasme prophétique » (II, 4), montre de façon paradoxale que la pièce est avant tout un texte à lire, sinon ce rappel serait bien superflu. La présence de quelques milliers de mots dans les notes abondantes suggère que les dialogues dramatiques ne suffisent pas à eux-mêmes pour raconter la jalousie des princes du sang, et qu'il faille supplémenter ce vide par l'intervention d'un texte irreprésentable. Hénault précise son but dans la lettre qu'il écrivit à sa nièce le 4 juillet 1753, où, à propos d'un ouvrage d'un certain M. Dupire (qu'on n'a pas pu identifier), il constate que:

> C'est apeuprès mon idée de François II et je crois qu'il ne peut guère y avoir de meilleure manière d'apprendre l'histoire. Le dialogue suppose de l'intérêt dans les personnages et par conséquent en donne au lecteur. Ils ont l'air de ne parler que par raport a eux, et ils rapellent comme chemin faisant les faits qui y ont raport: et ces faits restent bien autrement dans la teste que quand ils ne sont que racontés. Encore une fois cette méthode est excellente: il doit travailler beaucoup cette idée et avoir le public en vüe qui doit profiter de ce plan. Ce n'est point une façon de parler, je pense cela très sérieusement.[1]

L'intimité de lecture permet au lecteur de partager les expériences des personnages sans l'intermédiaire de la scène matérielle; c'est une espèce de lecture d'affinité, qui fait que la tête (lieu même de la performance imaginaire) retient de manière efficace et agréable les faits historiques. À une époque où le lieu scénique se purifiait en se séparant et se distinguant de celui des spectateurs (les réformes à la Comédie-Française en 1759 caractérisent ce processus), Hénault créa lui aussi un espace dramatique idéal.

Cette valorisation de l'intimité soulève, pourtant, un beau paradoxe, parce que l'intrigue de la pièce remet en question l'intériorité même sur laquelle se fonde son innovation formelle. Les deux partis opposés dans *François II* se caractérisent par

---

[1] Archives départementales de l'Orme, fonds du chartrier de Carrouges, 34J7.

l'extériorité et l'intériorité respectivement. La faction catholique, celle de messieurs de Guise, s'associe à la violence spectaculaire (voir surtout la huitième scène du deuxième acte), tandis que la faction protestante s'associe au privé et à l'invisible: « Nous n'envions point aux Catholiques, ajoutent-ils, leurs Églises, ni l'appareil éclatant de leurs cérémonies: que l'on nous laisse à nous-mêmes, le Dieu que nous servons se contente de nos cœurs, & ne s'honore point de la pompe et du bruit » (II, 2). Nous voudrions hasarder un parallèle entre l'intériorité protestante et la liberté de conscience qu'exige, par exemple, l'amiral de Coligny à l'Acte II, scène 8, et l'intériorité qui est nécessaire au lecteur individuel de la pièce.[1] Si fascinante qu'elle soit, cette analogie est équivoque parce que Hénault représente le parti protestant (mais non pas ses chefs princiers) comme un danger souvent invisible dont la liberté de conscience menace l'intégrité de l'Etat français. Il est d'autant plus inquiétant que cette contradiction se fasse voir non pas dans le dialogue des personnages (élément typiquement théâtral), mais dans la préface et les notes en bas de page (élément qui n'est accessible que par la lecture):

Enfin si l'on entend dans cette Histoire des Protestans parler avec témérité, on n'en devra pas être surpris, c'est leur langage que le lecteur réfuteroit bien de lui-même, mais j'ai grand soin de détruire par les choses que je fait dire aux personnages orthodoxes & autorisés, tels que le Chancelier Olivier, & autres. (p. 38)

C'est un Prince hérétique que son ambition fait parler, dont la témérité est confondue par le Cardinal de Lorraine, par le Duc de Guise, & sur-tout par le Chancelier Olivier. (p. 73)

La même intériorité qu'exige la pièce de son lecteur (chez qui, d'ailleurs, sont excitées les deux émotions intérieures de la terreur et la pitié), est donc condamnée au niveau de l'intrigue. Comment résoudre ce paradoxe ? Nous suggérons que Hénault, en tant qu'historien neutre, met son lecteur à la place de chaque personnage, quel que soit son parti, pour qu'il se laisse pénétrer « de son caractère et des faits qui le concernent », selon la phrase de D'Argenson (voir la section suivante). Lire *François II*, c'est

---

[1] « Ce seroit introduire une sorte de despotisme dans la république des lettres, que de vouloir interdire à un auteur la liberté de se servir de la forme dramatique, sans destiner son ouvrage au théâtre » (Mercier, *Portrait de Philippe II*, p. lxxiii).

donc mettre en pratique une idéologie de tolérance qui est absente des événements représentés. Le lecteur se délecte au frisson cruel provoqué par les spectacles horribles commis par les catholiques, en même temps qu'il ressent le plaisir doux de l'intériorité privée chère aux protestants. Pour reprendre le jugement de Madame Du Deffand sur le président, « sa facilité lui concilie avec tous les différents caractères ».[1]

Sources

La liste des sources principales de *François II* que fournit Hénault (voir p. 39) est assez vague puisqu'elle ne donne pour la plupart que le nom des auteurs. Néanmoins, en la comparant avec le catalogue de sa bibliothèque,[2] on peut identifier plus exactement les ouvrages consultés (Hénault en fait référence à d'autres dans ses notes, et qui seront expliquées dans nos notes éditoriales). On voit que Hénault se servait d'auteurs catholiques (par exemple Brantôme) et protestants (D'Aubigné), et ceux dont la religion était contestée (Thou). Nous donnons chaque texte tel qu'il apparaît dans le catalogue, avec le code sous lequel il est répertorié, et toutes les citations et références suivantes aux sources principales de *François II* seront, dans la mesure du possible, à ces éditions dont Hénault se servait.

1982: *Mémoires de Pierre de Bourdeille, Seigneur de Brantôme, contenant la Vie des Hommes illustres & grands Capitaines François & Etrangers, &c.* Leyde, 1722 & 1743, 15 vol.[3]

1100: *Histoire de M. de Thou*, mise en franç. par Pierre du Ryer. Paris, 1659, 3 vol.

1101: *Histoire Universelle de Jacques-Auguste de Thou*, trad. du latin, par Prevost, des Fontaines & autres. Londres, (Paris,) 1734, 16 vol.

---

[1] 'Portrait de M. le Président Hénault par Madame la marquise du Deffand', dans *Correspondance inédite de Mme du Deffand*, II, 171.

[2] Sur la composition des bibliothèques parlementaires parisiennes, voir Chantal Grell, *Le Dix-huitième siécle et l'antiquité en France 1680-1789*, SVEC 330 (1995), pp. 700-01.

[3] Nous avons utilsé l'édition suivante : Pierre de Bourdeille, seigneur de Brantôme, *Œuvres complètes*, éd. par Ludovic Lalanne, 11 vols (Paris: Renouard, 1864-82).

1379: *Commentaires de l'Etat, de la Religion & République sous les Rois Henri & François II & de Charles IX*, par Pierre de la Place. 1565.

1380: *Mémoires de Condé, avec des notes*, par Lenglet du Fresnoy. Londres, (Paris,) 1743, 6 vol.

1382: *Mémoires de Michel de Castelnau*, Bruxelles, 1731, 3 vol.[1]

1397: *Journal de Henri III*, par de l'Etoile. Cologne, 1720, 2 tom. en 3 vol.[2]

1411: *Mémoires de la Ligue sous Henri III. & Henri IV*, par Simon Goulart. 1595 & 1602, 6 vol.

1406: *Mémoires de Louis de Gonzague Duc de Nevers*, par de Gomberville. Paris, 1665, 2 vol.

1990: *La Vie des grands & illustres Personnages qui ont excellé sous les règnes de Louis XII. jusques & compris Henri IV* par Jean Le Clerc. Paris, 1609.

1300: *Histoire de France*, par François Eudes de Mezeray. Paris, Guillemot, 1643 & suiv. 3 vol,

1301: *Abrégé de l'Histoire de France*, par le même. Paris, 1668, 3 vol.

1377: *Histoire de Henri II & de François II*, par Varillas. Paris, 1691, 1692, 2 vol.

1306: *Histoire de France*, par le Père Daniel. Paris, 1713, 3 vol.

1310: *Histoire de France jusqu'à la fin du règne de Louis XIII*, par le Père Chalons [sic]. Paris, 1720, 3 vol,

1311: *Nouvelle Histoire de France jusqu'à la mort de Louis XIII*, par Louis le Gendre. Paris, 1719, 8 vol.

2112: *Dictionnaire historique & critique*, par Pierre Bayle. Amst, 1697, 4 vol.

1917: *Histoire généalogique de la Maison de France, & des grands Officiers de la Couronne*, par le Père Anselme. Paris, 1712, 2 vol.

1918: *La même*, augmentée par les Pères Ange & Simplicien. Paris, 1726, 1733, 9 vol.

---

[1] Cette édition fut rédigée par Jean Le Laboureur, qui y ajouta un grand nombre de notes.

[2] On pourrait ajouter: 1425: *Mémoires pour servir à l'Histoire de France, depuis 1515, jusqu'en 1611*, par Pierre de l'Etoile. Cologne, 1719, 2 vol.

Hénault donne aussi *La Confession de Sancy* d'Agrippine d'Aubigné comme source principale. Ce texte se trouve dans le *Journal de Henri III*. C'est néanmoins à son *Histoire universelle* (1626), qui apparaît dans le catalogue au numéro 1424, que sont empruntées les deux citations précises à l'auteur. Dans les notes marginales le président fait mention de trois autres auteurs, dont des œuvres figurent dans le catalogue de sa bibliothèque; à l'Acte III, scène 4 il fait référence à Brulart, c'est-à-dire à Nicolas Brulart, marquis de Sillery;[1] et à l'Acte III, scène 5 à « Larrei » (Isaac de Larrey) et à « Rapin Thoiras » (Paul Rapin de Thoyras).[2]

Hénault insiste sur l'exactitude historique de sa pièce, expliquant qu'il n'y omet rien « d'essentiel de tout ce qui s'est passé tant qu'a vécu François II » et qu'il ne se permet pas « la plus légère altération dans les faits, ni le moindre anachronisme » (p.36); les notes marginales qu'admira tellement Fréron (et que Ben Jonson avait déjà utilisé dans sa tragédie *Sejanus* en 1603) indiquent chaque emprunt aux historiens et mémorialistes dont se servit le président.[3] Anthony Grafton a écrit que le texte persuade et les notes prouvent',[4] et c'est bien le cas pour ces références marginales et les nombreuses notes en bas de page, qui attestent la fidélité de la pièce, l'érudition et le travail de l'auteur. Les 'notes nouvelles' abondantes à la fin de la pièce ont un autre effet; moins axées sur les événements du règne de François II, elles les placent dans un panorama plus large de l'histoire française, et veulent créer ainsi un sens du mythique qui est d'ailleurs absent de ce drame.

Réception de Francois II

L'accueil contemporain à *François II* fut souvent hostile. Si ses premiers commentateurs tels que Raynal, Voltaire et Mme Du Deffand reconnaissaient que Hénault, sous l'influence de

---

[1] 1413: *Mémoires de Bellievre & de Silleri*. La Haye, 1696, 2 vol.

[2] 1776, *Histoire d'Angleterre d'Écosse & d'Irlande*, par Isaac de larrey. Rotterdam, 1697 & 1698, 2 vol.; et 1778, *Histoire d'Angleterre*, par Paul de Rapin Thoiras, avec la continuation & les remarques historiques de Tindal. La Haye, 1726 & suiv., 15 vol.

[3] 18 novembre 1757, *L'Année littéraire*, VII, 260.

[4] Anthony Grafton, *The Footnote : A Curious History* (Londres: Faber and Faber, 2003), p. 15. Voir aussi *Les Notes de Voltaire: une écriture polyphonique*, éd. par Nicholas Cronk et Christiane Mervaud, SVEC 2003:03.

Shakespeare, tentait de présenter l'histoire française d'une nouvelle manière dramatique, ils n'hésitaient pas de critiquer l'exécution de la pièce, d'autant plus quand ils invoquaient le talent, la liberté et l'originalité du dramaturge anglais. Rares étaient les voix, comme celle de Fréron ou de Lebeau, qui tenaient la pièce en haute estime. Les intentions du président étaient souvent méconnues, car ses critiques continuaient à considérer la pièce comme une tragédie et comme une pièce à jouer, tandis que ce qu'il avait voulu créer n'était ni l'une ni l'autre. Mais au fur et à mesure, une nouvelle génération d'écrivains commença à avouer sa dette au feu président et à sa pièce expérimentale.

Suite à la première publication de la pièce en 1747, les *Nouvelles littéraires* en donnèrent un compte-rendu défavorable:

> Les Français, qui dans leurs voyages ont le ridicule de n'estimer que leur pays, ont la manie, lorsqu'ils sont chez eux, de ne guère goûter que ce qui est étranger; leur folie est maintenant pour la tragédie anglaise. Le président Hénault vient d'en publier une dans ce goût-là, qui occupe tous les esprits; elle est en prose; tous les événements d'un règne tumultueux y sont renfermés; les personnages qui y agissent sont sans nombre: on l'intitule *François Second*. L'auteur a cherché à y jeter quelque intérêt en faisant contraster les factions des Guises et des princes du sang, lesquels déchirèrent alors les entrailles de la France. Malgré cela, la pièce est très froide; tout son mérite se réduit à être bien écrit et bien raisonné.[1]

L'ouvrage connut un certain succès, et il pouvait prétendre à un certain intérêt grâce à forme littéraire et à sa clarté mais, suggère Raynal, il est néanmoins dénué de plaisir dramatique. C'est le rejet délibéré de l'unité d'action qui semble avoir provoqué le mécontentement de Raynal, qui y voit un amas de personnages plutôt qu'une intrigue émouvante. En juillet de cette même année le marquis d'Argenson (l'épigraphe duquel Hénault devait composer plusieurs années plus tard), écrivit que malgré sa faible exécution, cette imitation de la tragédie anglaise instaura une nouvelle manière de représenter l'histoire.

> Cela pouvait être mieux exécuté. Du moins est-ce une idée qui doit fructifier. Ainsi, sur le petit théâtre que je fais

---

[1] *Nouvelles littéraires*, dans *Correspondance littéraire*, I, 72.

construire à ma maison de campagne, je voudrais qu'au lieu de nous fatiguer à retenir des rôles insipides, chacun de nous se pénétrât bien d'un personnage historique, de son caractère et des faits qui le concernent, et s'efforçât ensuite de le représenter de son mieux en récitant les paroles d'abondance. Ce serait un passe-temps à la fois instructif et plein d'attraits.[1]

Selon D'Argenson, ce nouveau genre est surtout une nouvelle façon d'apprendre l'histoire, et dont l'intérêt est qu'il permet au comédien de se transformer en personnage réel, et de ressentir la vérité historique dans toute sa force. Au contraire de l'objectif déclaré du président, *François II* serait donc un essai proprement théâtral, mais qui n'arrive pas à la hauteur de ses ambitions. C'est une piste plutôt qu'un paradigme.

Tout comme D'Argenson, Fréron tenait l'œuvre de Hénault pour une pièce à jouer, mais il en estimait l'innovation et l'exécution plus que tout autre critique de l'époque. Suite à la réédition de la pièce en 1757, il écrivit dans *L'Année littéraire* que Hénault ne prétendait renouveler le projet de La Motte d'introduire sur la scène française la tragédie en prose, et que la pièce représente un nouveau genre dramatique, tant qu'elle rejette les caractéristiques traditionnelles de la tragédie. Il opine que la liberté formelle de la pièce alliée à son exactitude factuelle et à sa clarté d'expression, en fait un moyen efficace d'enseigner et d'apprendre l'histoire. La visibilité qu'exige le dispositif théâtral (tout virtuel qu'il soit) éclaire les motifs des personnages et aide le lecteur à se souvenir des faits vus plutôt que racontés:

C'est ainsi, Monsieur, que l'auteur nous transporte dans les temps & dans les lieux où les événemens remarquables qu'il décrit se sont passés. On voit, on entend les principaux personnages; on reconnoît leurs mœurs, leurs motifs, leurs passions; on est frappé de la vérité de leurs caractères, & l'on est d'autant plus fortement affecté, qu'à l'exception de l'entretien si bien imaginé de *Gauric* avec la Reine, il n'y a pas un fait, une circonstance, une opinion, un sentiment, qui ne soient fondés dans l'histoire. On a porté l'exactitude au point d'indiquer en marge les auteurs sur le témoignage desquels on s'appuie. Vous sentez maintenant, Monsieur,

---

[1] D'Argenson, *Journal et mémoires*, V, 94.

tous les avantages de cette nouvelle manière d'apprendre des faits.[1]

A l'instar de D'Argenson, Fréron ajoute que grâce à cette dramatisation de l'histoire, « les faits se gravent plus profondément dans la mémoire », et que par conséquent ce nouveau genre didactique convient aux « jeunes gens de l'un & de l'autre sexe ».[2]

Tandis que Fréron prisait l'exactitude du texte jusqu'au point d'en être « affecté », Voltaire regrettait que le président n'ait pas créé une œuvre suffisamment dramatique, et son accueil modéré à la pièce provoqua une longue querelle entre ces deux vieux amis. Le 21 août 1749 il expliqua à Mme Du Bocage son objectif en écrivant sa tragédie *Catilina* l'année précédente: à la différence de Crébillon, dont la tragédie sur le même sujet était « toute de fiction », Voltaire avait composé la sienne « en qualité d'historiographe. J'ai voulu peindre Cicéron tel qu'il était en effet. Figurez vous le François II de m. le président Hénault; voilà à peu près mon Catilina. »[3] Malgré cet enthousiasme initial pour la pièce, les deux hommes se disputèrent, puisque trois ans plus tard Hénault écrivit à Voltaire pour lui dire que « ce n'était pas un ouvrage sans mérite et sûrement la meilleure histoire que nous ayons de ce prince ».[4] Le président allait être encore offensé plusieurs ans plus tard, parce que Voltaire dut le rassurer sur la qualité historique plutôt que dramatique de son ouvrage: « Il est tout fait pour ceux qui comme moy aiment l'histoire. C'est tout ce qui s'est fait et tout ce qui s'est passé dans ce temps là. Tous les caractères sont vrais. »[5] Mais Voltaire, lui aussi innovateur théâtral modéré, pensa que son confrère n'arriva pas à se débarrasser des contraintes de la tradition littéraire française, et à créer une œuvre plus libre, plus émouvante, plus dramatique. Il s'explique dans une lettre à Mme Du Deffand, où il met en doute la tentative de fonder en France ce nouveau genre de la tragédie historique:

J'ai eu une grande dispute avec m^r le président Hainaut, au sujet de François second, et je vous en fais juge. Je voudrais

---

[1] 18 novembre 1757, *L'Année littéraire*, VII, 260.

[2] 18 novembre 1757, *L'Année littéraire*, VII, 261.

[3] D3991.

[4] 1 août 1752, D4963.

[5] 13 janvier 1757, D7117.

que quand il se portera bien, et qu'il n'aura rien à faire, il remaniât un peu cet ouvrage; qu'il pressât le dialogue, qu'il y jettât plus de terreur et de pitié, et même qu'il se donnât le plaisir de le faire en vers blancs, c'est à dire, en vers non rimés. Je suis persuadé que cette pièce vaudrait mieux que toutes les pièces historiques de Shakespear, et qu'on pourrait traitter les principaux évênements de nôtre histoire dans ce goût. Mais il faudrait pour celà un peu de cette liberté anglaise qui nous manque. Les Français n'ont encor jamais osé dire la vérité toute entière. Nous sommes de jolis oiseaux à qui on a rogné les ailes. Nous voletons, nous ne volons pas.[1]

Comme D'Argenson, Voltaire juge que la pièce ouvre la voie à une nouvelle tradition plus qu'elle n'est une œuvre achevée. Mais les suggestions Voltaire sont-elles justes ? D'après les témoignages contemporains, il paraît que Hénault ne réussit pas à exciter la terreur et la pitié (ce qui était, d'ailleurs, son ambition), mais aussi n'est-il pas vrai que réécrire la prose en vers blancs serait d'amoindrir la qualité innovatrice de la pièce ?[2]

Mme Du Deffand était déçue par la pièce, dont le caractère relativement traditionnel n'égalait pas à la hardiesse théorique de la préface. Le 15 décembre 1768 elle écrivit à Horace Walpole, auquel elle avait fait envoyer la dernière édition de l'œuvre une semaine auparavant: « La préface m'en avait plu, j'ai voulu lire la pièce, le livre m'est tombé des mains. La curiosité m'a pris de relire votre Shakespeare; je lus hier *Othello*, je viens de lire *Henry VI*. Je ne puis vous exprimer quel effet m'ont fait ces pièces; elles ont fait à mon âme ce que lilium fait au corps, elles m'ont ressuscitée. »[3] Faisant écho à Voltaire, elle admire la liberté

---

[1] Lettre écrite en août 1763, D11374. Voltaire répéta cet avis le 11 octobre; voir D11455.

[2] Voltaire avait écrit en 1736 qu'il regrettait cette « heureuse liberté » qu'a un Anglais de composer une tragédie « en vers non rimez, d'allonger, & surtout d'accourcir presque tous [ses] mots, de faire enjamber les vers les uns sur les autres ». Une telle liberté serait impossible en France: « On a tenté de nous donner des Tragédies en Prose; mais je ne crois pas que cette entreprise puisse désormais réussir »; voir *Discours sur la tragédie a mylord Bolingbrooke*, dans *Brutus*, (Paris: Prault fils, 1736), pp. v-vi.

[3] *Horace Walpole's Correspondence with Madame du Deffand*, II, 167. Le lilium est une « liqueur fort propre à rappeler les esprits d'un malade très-foible » (*Dictionnaire de l'Académie Française*, II, 39).

d'expression du dramaturge élisabéthain, dont la licence « laisse aux passions toute leur brutalité », et par rapport à laquelle l'essai de Hénault ne peut apparaître que timide.

Une source peu connue montre que la pièce était connue hors de France. Claude Pougin de Saint-Albin écrivait régulièrement à Caroline-Louise, margrave de Bade-Dourlac, pour la renseigner sur les événements culturels et littéraires à Paris, et le 15 décembre 1768, il lui manda que la nouvelle édition augmentée de notes de *François II* avait été publiée. Quoique assez banal, son analyse est favorable, surtout en ce qui concerne l'exactitude historique: « On retrouve dans cet ouvrage, sur le modèle duquel on en pourrait faire d'autres qui seraient fort intéressants pour la nation, les lumières, le jugement, le goût et l'excellente critique qui se font remarquer dans l'abrégé de notre histoire par cet illustre président. […] C'est un morceau précieux où l'ambition des Guise est parfaitement peinte. »[1]

L'une des réponses contemporaines les plus intéressantes, et certainement la plus détaillée, est le manuscrit anonyme Fr. 20837 conservé à la Bibliothèque nationale de France, qui comprend des 'Mémoires et extraits concernant les règnes de Henri II et de François II', parmi lesquels se trouvent des 'Observations sur la tragédie en prose, intitulée 'François *II, roi de France* en cinq actes, 1747; tragédie attribuée au président Hénault'.[2] Souvent indéchiffrables, ces quelques trente et une feuilles en folio semblent être le brouillon d'un article que nous n'avons pu encore identifier. Le commentaire se divise en deux sections inégales: une analyse plutôt générale et parfois répétitive de l'ouvrage (feuilles 31 à 38); et une analyse minutieuse de presque chaque scène (39 à 61). Nous en donnons quelques extraits à la fin du volume pour que notre lecteur puisse lire ce témoignage précieux qui n'a jamais, paraît-il, été publié. Quoique le manuscrit ne porte pas de date, il fut certainement écrit après la réédition de la pièce en 1768, puisque l'auteur note que « Ce n'est pas avoir rendu service à la mémoire littéraire du celèbre Président Hénault que de l'avoir

---

[1] Claude Pougin de Saint-Albin et Jean-Louis Aubert, *Correspondance littéraire de Karlsruhe: 12 juillet 1766 – 15 décembre 1768*, éd. par Jochen Schlobach (Genève: Slatkine, 1995), p. 436-37.

[2] Ce manuscrit critique la pièce à tel point, qu'il est impossible que Hénault lui-même l'ait écrit, comme propose Marion Monaco; voir *Shakespeare on the French Stage in the Eighteenth Century* (Paris: Didier, 1974), p. 10.

indiqué comme l'auteur de ce drame anonyme dans la Bibliothèque historique de la France ».[1] Étant donné que ce catalogue parut pour la première fois en 1719, la référence ne peut être qu'à la deuxième édition de 1769, où nous lisons que la pièce « est intéressante, & on devroit ainsi représenter les différentes Époques de l'Histoire de France ».[2] Peut-être que la plus grande valeur de ce manuscrit est qu'il juge la pièce selon les deux buts du président, l'exactitude historique et l'excitation de la terreur et de la pitié. Selon les 'Observations', de même que *François II* présente une version fausse des événements et personnages historiques, la pièce manque d'intérêt dramatique. L'auteur applaudit à Hénault d'avoir choisi le règne de François II, parce qu'il est peut-être « le seul de la monarchie qui ait pû se preter à ce genre, tant a cause de la breveté que par les evenements interessants dont il est rempli » (p. 31v). Mais Hénault choisit mal entre les épisodes de ce règne, dont la justification du prince de Condé devant le conseil tenu à Fontainebleau, la réception du roi de Navarre et de Condé à Orléans par François II, et le procès et la détention de Condé: « Non seulement l'auteur du drame ne met point ces faits en action, mais il n'en fait aucune mention. [...] Tous ces faits qui pretent tant à l'action dramatique ou sont omis, ou sont seulement racontés » (pp. 32r et 32v). Ainsi Hénault ne réussit-il pas à se plier aux exigences de son genre nouveau et à monter sur ce théâtre virtuel des scènes essentiellement dramatiques: « l'histoire de Franc II est cent [fois] plus dramatique que le prétendu *Drame historique* » (p. 31v).[3] C'est surtout l'erreur de mettre en récit ce que l'histoire met en action que reproche cet auteur: « La plupart des faits principaux n'y sont point mis en action, plusieurs faits interressans y sont omis et la plupart des autres mis en recit que l'histoire met en action» (p. 31v). Il note, par exemple, qu'il n'y a « rien de plus dramatique dans l'histoire » que le Conseil à Fontainebleau, et qu'il n'y a « rien de plus mesquin que le recit très peu historique qu'en fait l'auteur du Drame » (p. 32r) à l'Acte IV, scène 4. Ce reproche pourrait s'expliquer en partie par la

---

[1] Bibliothèque nationale de France, Fr. 20837, 31r.

[2] Jacques Le Long et Charles-Marie Fevret de Fontette, *Bibliothèque historique de la France*, nouvelle édition, 5 vols (Paris: Jean-Thomas Herissant, 1768-78), II, 235.

[3] C'est nous qui soulignons l'utilisation de ce terme.

représentation le 31 juillet 1769 d'*Iphigénie*, ou plutôt de la version de Saint Foix dans laquelle on voyait sur la scène de la Comédie-Française le sacrifice d'Ériphile: « Cet essai ne peut être regardé comme téméraire, puisqu'on a employé et conservé, avec le respect le plus scrupuleux, les mêmes vers de M. Racine, et que l'unique changement consiste à mettre en spectacle et sous les yeux, ce qui était en récit. »[1] La réécriture de Saint-Foix et la critique de *François II* témoignent du même désir de se passer du récit, et de le remplacer par l'actualisation sur la scène.

Lors de la dernière édition des pièces de Hénault en 1770, la *Correspondance littéraire* reprocha au président son manque de talent dramatique:

> On pourrait croire que c'est Shakespeare qui a donné au président Hénault l'idée de cette singulière pièce, car les tragédies de ce grand génie renferment aussi à peu près toute l'histoire d'un personnage; mais il n'y a aucune affinité entre le poëte anglais et le prosateur français. Le président s'est flatté tout simplement d'avoir imaginé une nouvelle manière de traiter l'histoire, et cette nouveauté consistait à substituer à la narration des scènes et des entretiens entre les différents personnages historiques. Il fallait une autre tête que celle du pauvre Hénault pour faire réussir cette manière.[2]

Certes, cette critique est cinglante, mais toujours est-il qu'elle prête à la pièce une certaine originalité. La « nouvelle manière de traiter l'histoire » est peut-être maladroite, mais elle est néanmoins « singulière »; le président créa un nouveau genre, et la *Correspondance littéraire*, comme tous les critiques de l'époque, ne lui refusa pas cette innovation.

Si des voix hostiles continuèrent à se faire entendre après la mort du président le 24 novembre 1770, *François II* offrait à une nouvelle génération la possibilité de renouveler le théâtre français, comme l'avaient prédit D'Argenson et Voltaire. Collé, hostile à l'amateur Hénault depuis longtemps, nota que le président avait une « confiance intrépide dans des talents qu'il n'avait pas. Pour s'en convaincre il ne faut que lire son *Réveil d'Epiménide* et son *François second*. Il n'avait pas les premiers éléments de l'art

---

[1] Voir Nicholas Cronk, 'L'*Iphigénie* de Saint-Foix et l'esthétique du tableau: réécrire Racine en 1769', dans *SVEC* 2005:07, p. 141.

[2] 1 février 1770, *Correspondance littéraire*, VIII, pp. 457-58.

dramatique; je sais cependant qu'il en avait eu la fureur. »[1] Il n'est guère surprenant que l'éloge de Hénault, écrit et lu par Lebeau, fût bien plus généreux:

> Du choc de tant d'intérêts opposés, de tant de passions tragiques, il composa une Tragédie. […] L'Auteur a su intéresser, sans porter atteinte à la vérité de l'Histoire; elle est conservée dans la plus scrupuleuse fidélité: les personnages sont peints d'après nature; ils vivent, ils parlent, ils agissent, & cette action animée produit une sensation bien plus vive que celle d'un simple récit. Cette pièce, ou, s'il est permis de le dire, cette sorte de résurrection n'a eu ni modèle ni copie.[2]

À la différence de presque tous les autres critiques, Lebeau déclare que Hénault avait réussi à épouser la vérité historique au plaisir dramatique, mais notons encore une fois la difficulté qu'avaient ses contemporains d'identifier le genre de cette pièce jusqu'alors unique.

Nous avons déjà vu que Mercier avoua sa dette envers Hénault et, bien que ses motifs d'écrire pour « la retraite & le silence du cabinet des lecteurs intelligens & judicieux » plutôt que pour « un parterre trop mobile, trop frivole pour le sérieux des affaires publiques » diffèrent de ceux du président, il savait bien que le « drame politique » pouvait comprendre la vérité historique, le ton pathétique et l'émotion la plus vive.[3] Si Hénault réussit à créer une œuvre d'une telle complexité, il n'en dit rien.

Enfin, notons que Roederer, historien, écrivain et homme politique, s'inspira de la liberté formelle de *François II* pour créer en 1818 non pas une « tragédie historique », mais une comédie historique pour que son lecteur ait « la satisfaction de sentir pour jamais empreinte dans sa mémoire, et vivante dans sa pensée, une grande scène de l'histoire, qui jusque-là n'y avait laissé que de faibles traces ».[4]

---

[1] Collé, *Journal et mémoires*, III, 279.

[2] Lebeau, *Histoire de l'Académie Royale*, XXXVIII, 242-43.

[3] Mercier, *Portrait de Philippe II*, p. lxxiv-lxxv.

[4] Pierre-Louis Roederer, *Le Marguillier de Saint-Eustache*, dans *Œuvres*, 8 vols (Paris: Didot frères, 1853-59), I, 1-2.

Publication et éditions de *François II*

Tandis que la correspondance et les mémoires de Hénault ne fournissent pas de renseignements précis sur la création de la pièce, le président remarque que « M. le chancelier Duguesseau [n'en] cessait de vanter l'invention et l'utilité; il ordonna qu'il fût imprimé. »[1] Il est donc probable qu'une version manuscrite de la pièce circula pendant un certain temps; rien ne prouve, pourtant, que ce soit le manuscrit conservé à la bibliothèque de l'Arsenal (MS 3110). Comme la première édition de *François II*, ce manuscrit ne contient pas de notes historiques, et paraît donc être une première version de la pièce. Quoique nous ne puissions confirmer cette proposition, une note écrite d'une autre main, probablement ajoutée plus tard, constate que la pièce fut publiée en 1747. Nous donnons dans les notes éditoriales en bas de page les nombreuses variantes qui existent entre ce manuscrit (désigné comme ms) et les éditions publiées. Autant que nous sachions, *François II* n'a jamais été ni représenté ni traduit, et Hénault lui-même regrettait que sa pièce ne fût mieux connue: « J'avoue qu'il me reste encore une chose à désirer ce serait que la pièce de François II fût traduite en anglais. Si j'ai mérité quelque réputation, il me semble que c'est pour un ouvrage qui n'est pas assez connu... »[2] Lebeau prétend dans son éloge du président qu'il y avait cinq éditions de la pièce, mais nous n'en avons identifié que trois, celles de 1747, 1757 et 1768. Selon le catalogue de la Bibliothèque nationale de France, une édition de 1748 se trouve à l'Arsenal, mais ce n'est qu'un exemplaire de l'édition de 1768. Voici une liste des éditions collationnées, avec les sigles qui les désignent dans l'appareil critique.

A
NOUVEAU / THÉATRE / FRANÇOIS. / FRANÇOIS II. / ROI DE FRANCE. / EN CINQ ACTES // MDCCXLVII.
xx + 151 pp.
Cette première édition contient la préface mais non pas les notes historiques.

---

[1] Hénault, *Mémoires*, p. 36.

[2] Lettre de Hénault à Voltaire, le 29 juin 1763, D11284.

B
DEUX PIECES DE THEATRE / EN PROSE. / A Amsterdam, / Chez Arstkée et Merkus / MDCCLVII.
xx + 151 pp / 36 pp.
Reliée avec *Le Réveil d'Épiménide*, cette édition reproduit le texte original. Bien que notre pièce soit encore anonyme, l'attribution à Hénault est facile puisque l'auteur est nommé à la tête de l'autre comédie.

C
NOUVEAU / THÉATRE / FRANÇOIS. / FRANÇOIS II, / ROI DE FRANCE. / EN CINQ ACTES./ SECONDE EDITION, ENRICHIE DE NOTES / NOUVELLES. / [CUL DE LAMPE] MDCCLXVIII.
xx + 208 pp.
Cette édition se trouve dans le recueil intitulé *Pièces de théâtre en vers et en prose*, publié en 1770. Ce recueil ne contient que six œuvres dramatiques du président – *Cornélie vestale*, *François II*, *La Petite maison*, *Le Réveil d'Epiménide*, *Le Jaloux de lui-même* et *Le Temple des chimères;* toutes les pièces sont paginées séparément. Selon *L'Année littéraire*, le volume était assez rare malgré sa valeur littéraire: « Ce recueil est très-estimable, & mérite d'occuper une place à côté de nos Ouvrages Dramatiques que nous jugeons dignes d'être conservés. »[1] Aucun contemporain ne doutait que Hénault en fût l'auteur, et les nombreux échos à l'*Abrégé* dans les 'Notes nouvelles' indiquent que cette édition anonyme est le travail du président. Nous reproduisons cette version complète de la pièce, dont nous gardons la ponctuation et l'orthographe parfois irrégulières, et nous en avons corrigé les coquilles évidentes.

La question des notes est délicate, puisque celles de Hénault comprennent déjà plus de sept mille mots. De peur de noyer notre lecteur dans un déluge de péritextes, nous limitons nos notes éditoriales aux variantes, et aux références des citations et des emprunts dans le texte; elles apparaissent en bas de page entre crochets. Les chiffres romaines renvoient le lecteur aux 'Notes nouvelles' de Hénault à la fin du volume.

---

[1] 2 décembre 1772, *L'Année littéraire*, VIII, 35.

François II, roi de France

Préface

Le Théatre Anglois de Shakespehar m'a donné l'idée de cet Ouvrage; mais comme je n'ai pas dû me flatter d'atteindre aux beautés vraies & touchantes de ce grand Poëte, sur-tout écrivant en prose, aussi n'ai-je pas eu de peine à en éviter les grossieretés & les extravagances. On sait que Shakespehar ignoroit absolument toutes les régles de son art, ces régles qui ne sont point du tout de fantaisie, qui ont été faites d'après la réussite, & qui ne se sont accréditées que par le succès. La Nature qui fut le seul guide de cet Auteur,[1] ne lui avoit appris que ce qu'elle sait; c'est-à-dire à peindre[2] les passions: & l'art, qui lui étoit inconnu, n'avoit pû lui découvrir les secrets qui font valoir la Nature même: ainsi l'unité de lieu & l'unité d'action, il ne s'en doutoit pas; encore moins se croyoit-il astraint à la régle des vingt-quatre heures; ce qui fait aussi qu'en même temps qu'il étoit un très-grand Poëte, ses Pièces de Théatre sont des espéces de monstres dans ce genre.

Mais comme les monstres mêmes sont utiles dans l'anatomie, les Tragédies de Shakespehar m'ont fait appercevoir un genre d'utilité auquel je n'aurois jamais pensé sans lui. Tout rappelle à notre esprit les objets où il se plaît davantage:[3] & comme je m'occupe assez volontiers de l'Histoire, je n'ai presque vû que cela dans Shakespehar. J'ai été surpris de trouver, par exemple, dans sa Tragédie de Henri VI. qui assurément n'est pas une de ses meilleures, le développement assez net des événemens fameux de la *Rose Rouge* & de la *Rose Blanche*.

Le grand défaut de l'Histoire est de n'être qu'un récit: & il faut convenir que les mêmes faits racontés, s'ils étoient mis en action, auroient bien une autre force, & sur-tout porteroient bien une autre clarté à l'esprit. En voyant la Tragédie de Henri VI. j'eus de la curiosité de rapprendre dans cette Piéce tout l'historique de la vie de ce Prince, mêlée de révolutions si contraires l'une à l'autre, & si

---

[1 Selon La Place, Shakespeare « puisa dans son génie, ou plutôt dans la nature qu'il eut la hardiesse & le talent d'imiter, la connoissance, & les finesses d'un Art dont le but est si difficile à atteindre: de plaire aux hommes, en les corrigeant! » (*Le Théâtre anglois*, I, p.5).]

[2 ms: c'est à peindre]

[3 ms: Tout se tourne dans nôtre Esprit au profit de ce qui nous plaist davantage]

subites,[1] qu'on les confond presque toujours malgré qu'on en ait. Un Roi détrôné, & remis sur le Trône quatre fois dans le court espace de quelques années;[2] des Princes défaits tour-à-tour, & tour-à-tour les maîtres du Royaume; la Couronne changeant de tête tous les six mois; tout cela ne s'apperçoit pas aisément dans une narration, & ne se place avec ordre dans la mémoire que très-difficilement: & j'avoue que cent fois j'ai sû ces faits, & cent fois je les ai oubliés. J'ai donc lû Shakespehar dans l'intention de me les bien représenter; & si ma curiosité n'a pas été tout-à-fait satisfaite, j'ai senti que ce n'étoit pas la faute du genre: j'ai trouvé les faits à-peu-près à leurs dates: j'ai vû les principaux personnages de ce tems-là mis en action, ils ont joué devant moi; j'ai reconnu leurs mœurs, leurs intérêts, leurs passions qu'ils m'ont apprises eux-mêmes: & tout-à-coup oubliant que je lisois une Tragédie, & Shakespehar lui-même aidant à mon erreur par l'extrême différence qu'il y a de sa Piéce à une tragédie, je me suis cru avec un Historien, & je me suis dit:[3] Pourquoi notre Histoire n'est-elle pas écrite ainsi? Et comment cette pensée n'est-elle pas venue à personne?

Il n'étoit pas difficile d'en imaginer les raisons; on travaille ordinairement pour se faire de la réputation: un Poëte veut faire une bonne Tragédie, un Historien une bonne Histoire, & l'ouvrage en question ne seroit ni l'un ni l'autre: en seroit-il moins utile pour cela? C'est ce que j'ai à peine à croire;[4] mais l'Auteur seroit moins célébre, quelque fût son talent: il ne seroit mis ni au rang de Corneille & de Racine, ni dans celui de Tite-Live & de M. de Thou:[5] il est vrai qu'il s'instruiroit bien plus surement lui-même par cette voie, & qu'il instruiroit mieux les autres, & que se faisant sur-tout un devoir essentiel de ne jamais altérer les faits, quand même il en devroit naître des beautés,[6] on pourroit y avoir recours

---

[1 ms: contraires et subites]

[2 Couronné à l'âge de dix mois en 1422, Henri VI fut déposé le 4 mars 1461 par Edouard IV, puis restauré sur le trône le 30 octobre 1470, déposé à nouveau le 11 avril 1471, et mis à mort le 27 mai 1471.]

[3 ms: je me suis dit à moy-même]

[4 ms: c'est ce que je ne crois point]

[5 Jacques-Auguste de Thou (1553-1617), dont l'ouvrage principal *Historia sui temporis* fut publié pour la première fois en 1604.]

[6 ms: il en naîtroit des beautés]

comme à un véritable Historien, soit pour bien connoître les vrais motifs de ceux qui ont agi, soit pour être instruit sûrement des circonstances, soit enfin pour retirer le véritable fruit de l'Histoire par la morale qui résulte des faits: mais, encore une fois, c'est ne travailler que pour l'utilité publique; & les hommes qui aiment infiniment[1] mieux être amusés qu'instruits, ne mesurent guère leur reconnoissance qu'à leur plaisir: on diroit toujours, ce n'est là ni une Histoire, ni une Tragédie; & il faudroit bien en convenir.

Mais quoi, ne faut-il donc rien hazarder? Et les genres sont-ils tellement épuisés, qu'il ne puisse plus y en avoir de nouveaux? L'exemple même de Shakespehar ne doit-il pas encourager, quand on voit jusqu'à quel point il a plu à un Peuple aussi spirituel que le Peuple Anglois? L'Histoire nous instruit, à la vérité, mais elle nous instruit froidement, parce qu'elle ne fait que *raconter*, & souvent elle le fait confusément, quelque ordre qu'ait pu y apporter l'Historien, parce qu'elle ne séjourne pas assez sur les événemens, qu'un fait chasse l'autre, & qu'un personnage fuit presque aussi-tôt qu'il a été apperçu. La Tragédie a un défaut contraire, tout aussi grand pour qui veut s'instruire, & dont pourtant, avec raison, elle fait sa premiere régle, c'est de ne peindre qu'une action principale, & ainsi que la Peinture de n'avoir qu'un moment; parce qu'en effet c'est par ce secret qu'elle recueille tout notre intérêt, qui se refroidit quand l'imagination se proméne sur plusieurs actions différentes. Ainsi l'Histoire peint froidement, par rapport à la Tragédie, une suite longue & exacte d'événemens; & la Tragédie, vuide de faits, par comparaison à l'Histoire, nous peint fortement le seul événement qu'elle a entrepris de nous représenter.

Ne pourroit-il pas résulter de leur union quelque chose d'utile & d'agréable? C'est ce que j'ai tenté dans l'Essai que je donne aujourd'hui. Le pis qui puisse arriver, c'est que je me sois trompé, & il n'y a pas grand mal: je prierai seulement ceux qui liront cet Ouvrage, de vouloir bien distinguer dans une Tragédie deux sortes d'intérêts, l'un général, & l'autre de détail. L'intérêt *général*, tel que l'on se le propose dans une véritable Tragédie, ne sauroit se trouver ici par le manque d'unité d'action; & c'étoit là un des défauts des Tragédies de Shakespehar, à moins qu'on ne voulût appliquer cet intérêt *général* sur la totalité d'un Régne, & regarder le Régne comme un personnage qui seroit heureux ou malheureux,

---

[1 ms: sûrement]

de même que l'on dit le Régne *malheureux de Charles VI. & le beau Régne de Louis XIV*. L'intérêt de détail est différent, car il ne tient point du tout à l'unité d'action, & c'est aussi où le Poëte Anglois est inimitable: je ne parle plus de sa Tragédie de Henri VI. qui est une des plus faibles, mais je parle de ses autres Tragédies qui sont pleines de feu, de chaleur & de passions, & qui égalent en cette partie nos meilleures Piéces: on peut voir sur cela la belle Préface qui précéde la traduction de cet Auteur.[1]

Je dis donc, qu'abandonnant toute prétention d'Auteur Tragique, un Historien qui, au lieu de raconter des faits, les mettroit en action, trouveroit en même tems le secret d'instruire mieux que ne le fait ordinairement l'Histoire, & d'exciter dans l'ame[2] des spectateurs la terreur & la pitié, ces deux grands mobiles de la Tragédie.

Cela n'est pas difficile à prouver, il n'y auroit qu'à trouver un génie assez vaste pour remplir ces deux objets. Les conversations admirables que l'on trouve dans Corneille, ont leurs beautés indépendantes de toutes les régles dramatiques: on se plaît à voir ensemble Sertorius & Pompée discutant les plus grands intérêts;[3] Auguste délibérant avec Cinna & Maxime s'il quittera l'Empire, ou apprenant à ce même Cinna qu'il est instruit de toute la conjuration:[4] Agrippine rappelant à Néron dans Racine l'histoire de son tems, & lui reprochant tous les crimes dont elle s'est chargée pour élever à l'Empire un fils qui n'est qu'un ingrat:[5] la conversation de Jocaste & d'Œdippe, dans l'Auteur moderne, où ils se disent pour se rassurer tout ce qui apprend aux spectateurs qu'ils sont coupables;[6] & ainsi des autres. Pourquoi ne trouvera-t-on pas dans notre Histoire d'aussi grands intérêts à traiter, & d'aussi grandes passions à peindre?[7] Il est vrai que l'on n'est point

---

[1 Voir 'Discours sur le théâtre françois', dans *Le Théâtre anglois*, I, pp. i-cxviii.]

[2 ms: ordinairement l'histoire, et sans rien perdre des vrayes beautés de la Tragédie, exciteroit en même tems dans l'âme]

[3 Voir acte III, scène I de *Sertorius* de Corneille (1662).]

[4 Voir acte II, scène I et acte V, scène I de *Cinna* de Corneille (1640-41).]

[5 Voir acte IV, scène II de *Britannicus* de Racine (1699).]

[6 La référence est sans doute à l'acte IV, scène I d'*Œdipe* de Voltaire (1718).]

[7 ms: Pourquoi ne trouvera ton [sic] pas dans nôtre histoire à traitter d'aussi grands interets, et a peindre d'aussi grandes passions?]

accoutumé à voir sur nos Théatres l'Amiral de Coligni, Catherine de Médicis, le Duc de Guise, &c. & qu'il y a un respect pour les noms & pour les faits anciens dont l'intérêt profite: mais ce seroit une habitude bien-tôt prise, & le Comte d'Essex est encore plus moderne que Louis I.[1] Prince de Condé.[2] Croira-t-on que l'on ne vît pas avec plaisir ces personnages[3] mis ensemble? Est-ce que le Cardinal de Lorraine & le Duc de Guise méditant la perte du Prince de Condé, ne sont pas aussi intéressans que les confidens de Ptolomée délibérant sur la mort de Pompée?[4] Est-ce que Catherine de Médicis ne vaut pas bien la Cléopatre de Rodogune,[5] & l'Agrippine de Néron? Et pour sortir du Régne de François II. est-ce que Charles-Quint, Élizabeth, François I. Henri IV[6] &c ne sont pas des Héros à mettre à côté de Nicoméde,[7] de Sertorius, de Stilicon[8] & de[9] Mithridate,[10] &c? Je ne dis pas seulement pour leur héroïsme, mais par les événemens qu'ils ont produits. Est-ce, enfin, que la France ne vaut pas le Pont, la Bithinie, &c?

Cependant, comme il ne faut pas dans les nouveaux établissemens laisser voir jusqu'où on veut aller, de peur d'y trouver trop d'opposition,[11] j'ai cru devoir respecter avec raison les préjugés justement établis au sujet du Poëme Dramatique: & j'ai choisi pour cela le Régne de François II. La régle des vingt-quatre heures n'y est pas observée, à la vérité, puisque ce Régne a été de 17.[12] mois; mais l'entreprise est moins criante que si j'avois choisi

---

[1 Thomas Corneille avait déjà composé sa tragédie *Le Comte d'Essex* en 1639.]

[2 Louis I de Bourbon, prince de Condé (1530-69), est un des personages principaux de *François II*.]

[3 ms: ces grands personages]

[4 *La Mort de Pompée*, tragédie de Corneille (1643-44).]

[5 *Rodogune*, tragédie de Corneille (1644-45).]

[6 ms: Est-ce que Charles Quint, est-ce que Henry VIII, est-ce que Elizabeth, est-ce que François I, est-ce que Henry IV]

[7 *Nicomède*, tragédie de Corneille (1651), qui a lieu en Bithynie.]

[8 *Stilicon*, tragédie de Thomas Corneille (1660).]

[9 ms: Stilicon &c et de]

[10 *Mithridate*, tragédie de Racine (1673), dont le héros est le roi de Pont.]

[11 ms: de résistance]

[12 ms: 18]

le Régne de François I. qui a duré 32. ans,[1] ou celui de Henri IV. qui en a duré 21.[2] D'ailleurs, quoiqu'il n'y ait point d'unité d'action, comme l'intérêt général de ce Régne est l'ambition de Messieurs de Guise voulant usurper l'autorité sur les Princes de Sang, cela ressemble un peu plus à nos Tragédies, que le Régne[3] de François I. mêlé d'événemens contraires, & d'intérêts successifs qui changent à tous momens la face des affaires.

Une autre raison qui m'a déterminé à choisir le règne de François II. c'est qu'on y voit la source des malheurs qui inondérent les Régnes suivans,[4] & le germe des passions par qui ils furent produits, & que par-là ce Régne attire une grande attention; ainsi que dans Britannicus on voit les commencemens du plus horrible Régne qui fut jamais.[5]

Je dois dire un mot du soin que j'ai apporté à ne rien omettre d'essentiel de tout ce qui s'est passé tant qu'a vécu François II. en même tems que je ne me suis pas permis la plus légére altération dans les faits, ni le moindre anachronisme, quand[6] même j'aurois pu en tirer quelque avantage pour la composition de ma Piéce[;] j'ai lû tous les Historiens qui en ont écrit & tous les Mémoires du tems, j'en ai fait une espéce de *concordance;* & tout cela a produit un tout auquel on peut ajouter foi autant que l'Histoire le peut mériter. Cela entraîne quelquefois des détails nécessaires, mais alors je prie de songer qu'on ne lit pas une Tragédie; & d'ailleurs, quand j'ai vû que ces détails pourroient me mener trop loin, je les ai placés dans des notes. Si j'ai choisi quelques personnages épisodiques, au moins ne les-ai pas choisis comme Shakespehar parmi les portefaix & la soldatesque. J'ai introduit Luc Gauric, cet Astrologue célébre du XVIe. Siécle qui a fait tant de prédictions admirables, dont je ne crois pas un mot, mais ausquelles je donne

---

[[1] Couronné en 1515, François I mourut en 1547.]

[2] Couronné le roi de France en 1589, Henri IV mourut en 1610.]

[[3] ms: Tragédies, que si j'avois choisy, par exemple le Régne]

[[4] « Ce Regne d'une courte durée, puisqu'il ne fut que de dix-sept mois, fit éclore tous les maux qui désolerent depuis la France, & dont la cause principale fut le nombre de grands Hommes qui vivoient alors » (Hénault, *Abrége*, II, p. 510).]

[[5] Racine écrit dans la preface de *Britannicus*: « J'avoue que je ne m'étais pas formé l'idée d'un bon homme en la personne de Néron: je l'ai toujours regardé comme un monstre. Mais c'est ici un monstre naissant. »]

[[6] ms: alteration, ny le moindre anachromisme dans les faits, quand]

dans la Piéce toute la créance que l'on y donnoit alors, à commencer par l'illustre M. de Thou. Il est vrai que je n'ai pas à me reprocher de n'avoir pas usé de cette créance, j'ai profité, & peut-être j'ai encore été au-delà de l'opinion folle où l'on étoit de la science de cet homme, & je m'en suis servi pour prévenir des faits curieux & intéressans, & pour peindre en passant quelques-uns des traits marqués des Régnes de Charles IX. & de Henri III. tels que la Saint Barthlemi, & l'assassinat du dernier des Valois, qui sans cela n'auroient pu trouver place sous le Régne de leur aîné, & que l'on sera, je crois, bien aise de retrouver ici. Hors cette conversation de Gauric avec Catherine, qui n'est pas véritable, parce que Gauric n'est jamais venu en France, mais qui n'est pas contre la vraisemblance, parce qu'il y pouvoit venir, qu'il avait des relations avec Catherine,[1] & qu'il ne[2] mourut qu'après le voyage que je suppose, je crois pouvoir assurer qu'il n'y a pas un fait, une circonstance, une opinion, un sentiment, qui ne soient fondés dans l'Histoire.

On a donné à cet Ouvrage le titre de *Théatre François*, à l'imitation de celui de *Théatre Anglois*,[3] pour faire voir que c'est le Théatre Anglois qui en a donné l'idée: je souhaite, pour le profit de l'Histoire, que quelqu'un soit tenté de suivre cette idée; il n'en sera sûrement pas rebuté par la difficulté de faire mieux, & il trouvera sans peine les moyens de perfectionner ce nouveau genre. Je le répete encore, ce n'est point une Tragédie que j'ai prétendu faire, cette prétention seroit absurde, c'est une nouvelle manière de peindre les faits, qui peut avoir son avantage, & qu'il y auroit, ce me semble, bien de l'humeur à désaprouver.[4]

Je n'ai point fait paroître le Roi François II. parce que ce Prince, à peine sorti de l'enfance, & toujours malade, n'eut aucune influence dans les affaires de son Régne qui ne dura que 17. mois, & n'auroit pu jouer un rôle convenable dans cette Piéce: voici

---

[¹ Selon Mezeray, Catherine de Médicis suivait « les prédictions des Astrologues, Devins, & autres Charlatans, auxquels elle avoit grande confiance » (*Histoire de France*, III, 3).]

[² ms: et qu'heureusement il]

[³ Voir notre 'Introduction'.]

[⁴ ms: [phrase absent du manuscrit] Je le répete... désaprouver.]

comme en parle Mezerai.¹ « Ses serviteurs, à cause de l'innocence de ses mœurs, l'appellerent *le Roi sans vice*, titre plus glorieux que tout autre qu'on puisse donner, quand il a pour fondement, non pas l'imbécillité d'esprit, mais la sagesse & la vertu ».² Enfin si l'on entend dans cette Histoire des Protestans parler avec³ témérité, on n'en devra pas être surpris, c'est leur langage que le lecteur réfuteroit bien de lui-même, mais j'ai grand soin de détruire par les choses que je fait dire aux personnages orthodoxes & autorisés, tels que le Chancelier Olivier, & autres.

[¹ ms: François II par respect pour la majesté Royalle, par ce que ce Prince a peine sorty de l'Enfance, et toûjours malade n'eut aucune influence dans les affaires de son Régne qui ne dura que 18 mois. Voicy comme en parle Mezeray.]

[² Voir *Abrégé chronologique de l'Histoire de France* de Mezeray, V, 33.]

[³ ms: entend des protestants parler avec]

Noms des Auteurs qui servent à l'autorité des faits contenus dans cet Ouvrage.[1]

Brantosme.
De Thou.
La Place.
La Planche.
Memoires de Condé.
Castelnau.
Le Laboureur, sur Castelnau.
Notes sur la Confession de Sancy.
Journal de l'Étoile.
Memoires de la Ligue.
Memoires du Duc [de] Nevers.
La Vie des graves & illustres Personnages, &c. par Jean Le Clerc.
Mezerai.
Varillas.
Daniel.
Chalon.
Le Gendre.
Bayle.
Simplicien.

[1 ms: Noms des auteurs / Brantosme / La planche / Mezerai / de Thou / La place / Simplicien / Le gendre / Varillas / Chalon / Daniel / Bayle / Le Laboureur sur Castelnau / Notes sur la confession de sancy / Memoires de la Ligue / Memoires de Condé / Memoires du Duc de Nevers / La vie des graves et illustres personages &c par jean le Clerc.

Cette liste se trouve à la fin du manuscrit, feuille numéro 85.

A et B: cette liste se trouve à la page 151.]

Argument[1]

Le sujet de cette Piéce est la jalousie des Princes du Sang contre Messieurs de Guise, qui s'étoient emparés du gouvernement de l'État sous le Régne de François II.

Claude de Guise est le premier de cette illustre Maison qui s'est établi en France; François I. le fit Duc & Pair, & il eut entr'autres enfans, François Duc de Guise, le Cardinal de Lorraine, Marie femme du Roi d'Écosse. François Duc de Guise qui paroît dans cette Piéce, avoit épousé la fille du Duc de Ferrare, & de Renée fille de Louis XII. Sa niéce, fille du Roi d'Écosse, étoit Marie Stuard femme de François II. Il fut tué par Poltrot au Siége d'Orléans, & laissa pour fils Henri de Guise, dit le Balafré, tué à Blois.

De quelques traits que je peigne l'ambition des Messieurs de Guise, je n'en dis point trop, & je ne fais que copier tout ce qui a été écrit à ce sujet. L'ambition étoit la passion dominante de ce tems-là, elle supposait de grands vices & de grandes vertus; & ce qui seroit regardé aujourd'hui comme une témérité insensée, se trouvoit autorisée alors par la foiblesse du Gouvernement. Catherine de Médicis elle-même qui ne devoit pas avoir de plus grand intérêt que de réunir tous les esprits sous l'autorité de son fils, Médicis étoit ambitieuse, & parut toujours à la tête d'un parti. Les tems ont bien changé. Les Princes du Sang ont joint aux vertus de leurs ancêtres l'obéissance la plus scrupuleuse, & les descendans de Claude Duc de Guise, car la postérité de François & de Henri est éteinte, en se montrant par leurs talens & par leur courage dignes du sang dont ils sont nés, ont bien effacé depuis les fautes des Princes de leur nom, par leur attachement signalé pour la France & pour la personne de nos Rois.

[[1] ms: *Argument* absent du manuscrit]

Acteurs

Catherine de Médicis.
Le Roi de Navarre.
Le Prince de Condé.
La Duchesse de Montpensier.
Le Cardinal de Lorraine.
Le Duc de Guise.
La Duchesse de Guise.
Le Duc de Nemours.
Le Connétable de Montmorenci.
Le Chancelier Olivier.
Le Maréchal de Saint André.
Le Maréchal de Brissac.
L'Amiral de Coligni.
Dandelot.
Luc Gauric.[1]
La Trousse, Prevôt de l'Hôtel.
La Roche du Maine.
Brichanteau de Beauvais.
Marillac, Avenel, Avocats au Parlement.
Un Huissier du Cabinet de la Reine.
La Mare, Valet-de-chambre du feu Roi.
Un Écuyer de la Duchesse de Guise.

[1 ms: Le Connetable de Montmorency / Le Marechal de St. André / Le M^{al} de Brissac / L'Amiral de Coligny / Dandelot / Le Chancelier Olivier / Luc Gauric]

ACTE PREMIER

<small>De Thou
La Place</small> *La Scéne est au Palais des Tournelles. (I.) Tous les Portiques que l'on avoit élevés pour les Fêtes des mariages*[1] *& pour les tournois, sont tendus de deuil. Le corps du feu Roi est sous le principal portique.*

SCENE PREMIERE

Le Connétable de Montmorenci
Le Maréchal de Saint André

LE MARÉCHAL DE SAINT ANDRÉ, *regardant le cercueil.* Voilà donc tout ce qui reste de ce grand Roi. Malheureuse[2] France, ta force est réduite à un enfant![3] Princesse infortunée,[4] que vos larmes[5] sont bien dûes à un époux qui étoit si digne d'être aimé!

LE CONNÉTABLE. Vous la plaignez beaucoup.

LE MARÉCHAL. Oui, sans doute. Elle perd l'objet de ses affections, & elle se trouve, tout-à-coup, transportée du milieu

---

[1] Ces mariages étoient ceux d'Élizabeth fille du Roi avec Philippe II. & de Marguerite sa sœur avec le Duc de Savoie. (II.)

[Cette note est absente du manuscrit.]

[² ms: grand Roy (regardant le Cercueil) malheureuse]

[3] François II. avoit 16. ans.

[François II naquit le 19 janvier 1544, et eut donc quinze ans lorsque Henri II mourut le 10 juillet 1559. Dans une *Instruction présentée au Roi, au sujet de la déclaration de sa majorité*, Hénault écrit que les rois qui suivirent Charles VIII « étaient majeurs en montant sur le trône, Louis XII, François Ier, Henri II, et François II; ainsi l'ordonnance de Charles V ne les regardait pas: cependant, comme François II n'avait que seize ans lors de la mort de son pere, il crut ne devoir pas s'en rapporter à lui seul de l'administration de tout son royaume ». Voir *Œuvres inédites de M. le président Hénault* (Paris: Hubert & Cie, 1806), p. 284.]

[4] Catherine de Médicis.

[⁵ ms: pleurs]

des fêtes & des plaisirs, qui étoient son élément, dans le tourbillon des orages d'une minorité.

LE CONNÉTABLE. Maréchal de Saint André, que vous connoissez peu la Reine! Le Connétable de Montmorenci l'a vûe de plus près: apprenez de moi à la juger. C'est un esprit vaste & profond, une ame ferme & indomptable, & qui, malgré sa roideur, sait se plier, & prendre toutes les formes qui lui sont utiles; elle a les qualités de toutes les situations où elle se trouve, & l'ambition de tous ses états.[1] Quand elle vint en France, elle n'avoit autre chose à faire que de plaire à son beau-pere;[2] elle arrivoit dans une Cour brillante, dont la galanterie faisoit la principale occupation; nulle femme ne l'égala dans l'art de plaire, & d'en imaginer[3] les moyens: art fatal, qui ne périt plus, & qui ne fait que se perfectionner dès qu'une fois il a été inventé. François I. aimoit la chasse: nulle Dame de la Cour ne manioit mieux un cheval que Catherine. Il se plaisoit aux tournois, elle en eût disputé le prix aux Seigneurs de la Cour les plus adroits, & les plus exercés: il aimoit le bal & la danse, elle n'y connoissoit point d'égale. Henri devient Roi, il a une maîtresse[4] plus âgée que son amant, & qui l'avoit subjugué par une espèce d'enchantement; Catherine, incapable de jalousie, quoiqu'elle aimât son mari, devient l'amie, la confidente, & peut-être même la complaisante de Diane de Poitiers sa rivale. Aujourd'hui la face de la France a changé: la mort funeste du Roi vient de mettre sa femme à la tête des affaires; vous l'allez voir

Brantosme, De Thou, &c.

De Thou, Mezerai, &c.

---

[1] Fœmina vasti animi, & superbi luxûs. (De Thou.)

[« Ce fut une Princesse d'un génie vaste, d'une magnificence qu'elle porta jusqu'à l'excès » (Thou, *Histoire universelle*, X, 500).]

[2] François I.

[[3] ms: inventer]

[4] Diane de Poitiers, fille de Jean de Poitiers, Comte de Saint Vallier, vint à la Cour sous le règne de François I. pour y solliciter la grace de son pere, qu'elle obtint. Elle fut maîtresse de Henri II. dont elle n'eut point d'enfans. Elle eut deux filles de son mari Louis de Brézé: l'aînée, Antoinette, épousa le Duc d'Anville, troisieme fils du Connétable de Montmorenci; & la cadette, nommée Louise, épousa le Duc d'Aumale: elle étoit née avec le siécle, ainsi à l'avénement de Henri II. à la Couronne, qui étoit âgé de 29. ans, elle en avoit 47. Elle mourut en 1566. & fut enterrée à Anet, où elle avoit choisi sa sépultre. (III.)

appliquée, sérieuse, absolue, jalouse de l'autorité, haute ou affable, selon[1] ses besoins, renfermée dans elle seule, ayant l'air de se livrer, & échappant tout-à-coup. Seigneur, je la connois, elle ne m'a jamais trompé un moment; son grand amour pour son mari ne m'a point imposé: & quoiqu'il ne soit pas vrai que j'aye dit, ainsi qu'on a voulu m'imputer, que[2] de tous les enfans du feu Roi, il n'y avoit qu'une fille naturelle qui lui ressemblât,[3] je n'en ai pas moins pensé que Catherine n'aimoit essentiellement que l'autorité: & que la galanterie, si elle en a eu, n'étoit qu'un hazard ou un amusement dans sa vie, & jamais une passion.

Mezerai.

LE MARÉCHAL. Et toutes les femmes qu'elle traîne après elle, & dont la réputation est très-équivoque, Mademoiselle de Châteauneuf, Mademoiselle d'Elbœuf, Madame de Sauve,[4] Mademoiselle de Limeuil, Mademoiselle de Roüet;[5] sont-ce les amies d'une femme sérieuse?

LE CONNÉTABLE. Elle s'en amusoit auparavant, & aujourd'hui elle s'en servira pour tirer le secret de tous nos jeunes à la Cour.

LE MARÉCHAL. Seigneur, nous pouvons parler avec confiance; & nous sommes occupés de trop grands intérêts, pour que nous cherchions à nous abuser l'un & l'autre par de vains discours. Il y a beaucoup de choses vraies[6] dans ce que vous dites de Médicis; mais la passion ne vous aveugle-t-elle pas un peu?[7] Accoutumé à être le premier homme de la Cour, favori successivement de deux Rois, vous vous voyez aujourd'hui

Mezerai.

[1 ms: suivant]

[2 ms: vray, ainsy qu'on a voulû m'imputer, que j'aye jamais dit que]

[3 Voir Hénault, *Abrégé*, I, 482.]

4 Femme du Sécrétaire d'Etat. Le Roi de Navarre & le Duc d'Alençon en étoient amoureux, & cette rivalité les rendit ennemis.

5 Elle eut un fils d'Antoine de Bourbon, Roi de Navarre, nommé Charles de Bourbon, qui fut Archevêque de Rouen.

[6 ms: et nos interets sont trop grands pour nous abuser l'un et l'autre par de vains compliments, il y a beaucoup de choses de vrayes]

[7 ms: un peu sur son compte?]

négligé. La personne du jeune Roi vient d'être confiée au Duc de Guise, & au Cardinal son frere: ce sont eux qui du Palais des Tournelles, viennent de l'emmener au Louvre. On vous a laissé ici comme par mépris auprès du corps de Henri, & l'Aubespine est venu vous redemander[1] le cachet du Roi. D'ailleurs, allié à[2] la Duchesse de Valentinois, de qui vous deviez attendre la continuation de votre faveur, qui commençoit à baisser, vous ne devez pas pardonner à la Reine le traitement qu'elle vient de lui faire éprouver, quoiqu'en vérité elle se le soit bien attiré. Il n'eût tenu qu'à Diane de conserver les bontés de Médicis, & peut-être d'intéresser le public si, au lieu d'être absolue, avide, vindicative, infidele enfin à un Prince qui ne vivoit que pour elle, elle eût été bienfaisante, modeste, désintéressée, & qu'elle eût borné sa faveur à en jouir; elle en avoit un si bel exemple dans Agnès Sorel! (IV.) Mais, malgré cela, je comprens que la vengeance que l'on en tire aujourd'hui doit vous irriter contre Catherine.

Mezerai.

De Thou.

De Thou, Mezerai.

Mezerai.

LE CONNÉTABLE. Et d'autant plus que, sans vous[3] rappeler les services personnels que j'ai rendus à la Reine,[4] & que vous sçavez comme moi, je ne vois pas pourquoi mon alliance avec Diane me feroit plus de tort auprès de Catherine, qu'elle n'en fait à Messieurs de Guise;[5] leur frere le Duc d'Aumale vient

---

[1 ms: reprendre]

[2 ms: avec]

[3 ms: contre Catherine. A peine Henry est mort, on lui reprend toutes les pierreries qu'elle en avoit reçuës, sa vielle terre de Chevonceaux lui est enlevée, et elle est bannie ignominieusement de la Cour pour aller habiter je ne sçay quel Château de Chaumont qu'on luy a donné en echange de Chevonceaux.

LE CONNESTABLE. Quand je trouverois cette conduite rigoreuse, aurois-je tort?

LE MARECHAL. Non, mais la Reyne a-t-elle tort de son côté de punir sa Rivale, et de ne point aimer ceux qui s'y sont attachés?

LE CONNESTABLE. Sans vous...]

[4] Il avoit négocié le mariage de Médicis, & avoit empêché depuis, que sous prétexte de stérilité elle ne fût renvoyée. (*La Planche.*)

[5] Messieurs de Guise étoient fils de Claude Duc de Guise, qui vint s'établir en France. Il eut de sa femme Antoinette de Bourbon, François de Guise, le Cardinal de Lorraine, le Duc d'Aumale, le Cardinal de Guise, François de Lorraine, Grand Prieur, René, tige des Ducs d'Elbœuf, Marie, mere de Marie Stuard, &c. (*Le P. Anselme.*)

d'épouser une fille de la Duchesse, en est-il moins bien avec la Reine, non plus que ses freres?

LE MARÉCHAL. Non sans doute: mais vous ignorez donc la conduite qu'ils tiennent? Le Roi n'étoit pas encore mort, qu'oubliant leurs liaisons, & reconnoissant à peine cette personne, dont ils étoient il y a deux jours les serviteurs les plus dévoués, ils ont été les premiers à s'élever contr'elle. D'ailleurs, la Reine doit se trouver bienheureuse que Messieurs de Guise se donnent la peine de la rechercher avec tant de soin; ils n'ont plus besoin de personne à la Cour. Marie Stuard, la fille de leur sœur, Princesse plus ambitieuse que ne le comporte son âge, & maîtresse absolue de l'esprit du jeune Roi son mari, va se gouverner par leurs conseils, & Catherine les recherchera tout autant qu'ils la ménageront. Mais, Seigneur, quel parti nous faut-il prendre dans de pareilles circonstances? Si les Guises deviennent les maîtres, que vont devenir les Princes du Sang? Le Roi de Navarre, quelque peu d'ambition qu'il ait toujours montré, laissera-t-il tranquillement Messieurs de Guise s'emparer de la Cour & des affaires? Son frere[1] le Prince[2] de Condé, ce Prince dont les lumieres égalent la valeur, n'agira-t-il point?

<small>De Thou, Mezerai.</small>

<small>De Thou.</small>

LE CONNÉTABLE. C'est ce qu'il faudra voir, & ce qui m'occupe.

LE MARÉCHAL. Vous me connoissez: jusqu'ici je n'ai été qu'au Roi; la faveur de Messieurs de Guise ne m'a point imposé; vous-même, vous ne m'avez point vû vous rechercher. Content de bien servir l'Etat, & peut-être aussi, préférant mon plaisir au métier de courtisan, j'ai cru pouvoir me partager entre la guerre & les amusemens; il ne m'en reste que la gloire, & une fortune bien dérangée: & j'apprens trop tard, qu'un homme seul à la Cour, sans cabale & sans intrigue, est

---

[Voir 'Généalogie des ducs de Guise, de la maison de Lorraine', dans *Histoire généalogique de la Maison de France, & des grands Officiers de la Couronne*, par le Père Anselme, augmentée par les Pères Ange & Simplicien, III, 485.]

[1] Louis I.

[2 ms: frere (Louis I) le Prince]

comme un pilote sans matelot, dont tout l'art ne peut vaincre les tempêtes.[1]

LE CONNÉTABLE. Je crois qu'en effet votre intérêt est de vous attacher aux Princes du Sang: & je puis vous dire, sans craindre d'être commis, parce que ce ne peut plus être un secret, qui si tôt que j'ai vû le Roi blessé, j'ai mandé le Roi de Navarre,[2] qui, comme vous sçavez, est dans le fond du Béarn; qu'excitant sa paresse, je l'ai pressé à venir prendre le gouvernement de l'Etat, pour empêcher que des[3] Etrangers, toujours moins intéressés à notre gloire que les vrais François, ne s'emparassent du ministére. J'attens sa réponse avec impatience, pour me régler sur le parti que je dois prendre avec la Reine. Mais je vois le Prince de Condé.

LE MARÉCHAL. Je vous laisse ensemble.

SCENE II

Le Prince de Condé (V.)
Le Connétable de Montmorenci

LE CONNÉTABLE. Hé bien, Seigneur, Messieurs de Guise vont-ils être nos maîtres? Et croyez-vous que le Roi de Navarre votre frere ne daignera pas s'y opposer?

LE P. DE CONDÉ. Mon frere, courageux sans doute, mais de ce courage inutile, qui ne passe point du cœur à l'esprit, ou n'agira pas, ou agira mollement, ce qui est pis encore que l'inaction. Le Duc de Guise sent tous ses avantages, & saura bien en profiter; plus dangereux que le Cardinal de Lorraine son frere, homme impétueux & violent, il sçaura gagner le peuple par des airs doux & modérés, & autorisera par son adresse tous les projets hardis que la haine qu'on a pour son frere auroit fait échouer.

De Thou, Mezerai.

[1 ms: la tempête quand il est réduit à luy meme.]

[2] C'est le pere de Henri IV.

[3 ms: les]

LE CONNÉTABLE. Mais quoi, le Prince de Condé n'inspirera-t-il pas au Roi de Navarre quelques-uns de ces traits de force & de lumiere qui l'ont rendu l'admiration de son siécle?

LE P. DE CONDÉ. On ne conseille point un homme foible, ou on le conseille en vain. Il est même dangereux de faire entreprendre à quelqu'un au-delà de ses forces, il succombe en chemin, & entraîne avec lui tous ceux qui s'y sont livrés.

SCENE III

Le Prince de Condé
Le Connétable de Montmorenci
La Mare, valet-de-chambre du feu Roi

LE P. DE CONDÉ. Que veut cet homme?

LE CONNÉTABLE. C'est lui que j'ai envoyé au Roi votre frere; c'étoit un valet-de-chambre du feu Roi; il est homme d'esprit, & à qui on peut se fier. Hé[1] bien, la Mare, quelle réponse me rapportez-vous du Roi de Navarre?

<small>De Thou, La Place.</small>

LA MARE. Seigneur, quoique ma diligence ait été grande, j'aurois pu cependant être encore[2] plutôt de retour: mais le Roi de Navarre, après m'avoir entretenu long-temps à mon arrivée, & m'avoir dit que j'allasse attendre sa réponse, m'a voulu revoir à plusieurs reprises, m'a accablé de questions, souvent les mêmes, sur la position de la Cour; & enfin, après bien des remises, sans vouloir me donner de lettre, s'est contenté de me faire une[3] réponse verbale.

LE P. DE CONDÉ. Je reconnois mon frere. Hé bien, que dit-il?

LA MARE. Qu'il ne doit point venir à la Cour, que les funérailles du Roi ne soient achevées.

LE P. DE CONDÉ. Pourquoi cela?

[¹ ms: d'esprit et de confiance; hé]

[² ms: il n'a pas tenu à moy d'être]

[³ ms: contenté d'une]

LA MARE *en s'adressant au Connétable.* Qu'il ne doit prendre de confiance dans[1] un homme qui n'a fait aucune mention de lui dans le dernier Traité de paix.   De Thou.

LE P. DE CONDÉ. Est-ce de quoi il s'agit aujourd'hui? Et sont-ce là des raisons?[2]

LA MARE. Qu'il est étonné que l'on s'adresse à lui, comme s'il pouvoit oublier que c'est Monsieur le Connétable qui lui a fait ôter ses Gouvernemens pour s'en emparer.[3]   Mezerai.

LE CONNÉTABLE. Mais, si je m'adresse à lui, & si je m'intéresse à sa gloire, outre[4] qu'il est du sang de mes Maîtres, a-t-il oublié l'honneur que j'ai de lui appartenir par le mariage que vous avez contracté avec Eléonore de Roye ma niéce?[5] Et, si je lui suis suspect aujourd'hui, à qui de la Cour voudra-t-il se fier?

LE P. DE CONDÉ. Mais, la Mare, ne vous a-t-il rien dit pour moi?

LA MARE. Rien.

LE P. DE CONDÉ. Où l'avez-vous laissé?

LA MARE. A Vendosme, d'où il s'avance ici à petites journées.

LE P. DE CONDÉ. Cela suffit.

[1 ms: LA MARE. Qu'il ne doit point prendre de confiance (*en s'adressant au Connétable*) dans]

[2 ms: raisons, et est-ce là de quoy il s'agit aujourd'huy?]

[3] Ce fut pour punir ce punir ce Prince d'avoir refusé de changer ses Etats de Béarn avec d'autres situés dans le milieu de la France, que le Roi lui ôta les Gouvernemens de Guyenne, de Languedoc & de Toulouse, qui furent donnés au Connétable.

[ms: Qu'il est étonné que M. le Connestable s'adresse à luy, et ait sitôt oublié l'affront que lui fit le Roy en le dépouillant à son profit des ses gouvernemens de Guienne, de Languedoc, et de Toulouze.]

[4 ms: independemment]

[5] La sœur utérine du Connétable avoit épousé le Comte de Rouci. (*Le P. Simplicien.*)

SCENE IV

Le Prince de Condé
Le Connétable de Montmorenci

LE P. DE CONDÉ. Vous voyez comme l'on peut compter sur le Roi de Navarre.

LE CONNÉTABLE. J'avais cru devoir lui rendre cette marque de respect & d'attachement; & je me flattois que dans les circonstances présentes, où tout se range du côté des Guises, il auroit été sensible aux avances du Connétable de Montmorenci. Vieilli dans la Cour, & dans les Armées, je n'ai jamais recherché personne: son nom, votre réputation, Seigneur, voilà les ressources que j'imaginois contre les usurpateurs de l'autorité; & je n'ai pas craint de faire des avances aux seuls hommes capables de sauver le Royaume. Mais, Seigneur, si votre frere refuse de vous seconder, abandonnerez-vous pour cela le soin de la patrie? Et verrez-vous tranquillement des Étrangers s'enrichir des trésors de l'État, tandis que vous, du sang de nos Rois, n'avez ni pension, ni gouvernement, ni patrimoine.

LE P. DE CONDÉ. Je ne m'explique pas: mais il est encore, & plus que jamais, des ames généreuses qui ne sont pas faites pour plier sous le joug tyrannique. En vain le Duc de Guise & son frere le Cardinal font sonner bien haut leur zéle pour la religion, & cherchent à perdre dans l'esprit du Roi, sous de vains prétextes, tous ceux à qui ils imputent l'amour des nouveautés, & qu'ils traitent de sectaires & de rébelles, parce qu'ils ne sont ni les esclaves de Rome, ni les leurs.[1] Dandelot & l'Amiral de Coligni son frere, qui nous sont alliés à vous & à moi, le brave Jarnac, le Vidame de Chartres, & tant d'autres sujets fidéles, se plairont à voir à leur tête le défenseur de l'autorité Royale. Pour vous, Connétable, à qui je me découvre sans peine, parce que vous avez autant & plus de raison que moi de vous défier de Médicis, voyez quel parti vous voulez prendre. Le Maréchal de Saint André qui vient de vous quitter, m'est suspect; c'est un avanturier sans foi & sans principes, &

---

[1] C'est un Prince Protestant qui parle.

qui sera toujours prêt à se vendre par l'état de sa fortune, que son luxe & ses débauches ont détruite; ainsi il n'y a rien à en attendre, & peut-être recherche-t-il déjà les Guises.

De Thou, Mezerai, Daniel, Le Gend. &C.

LE CONNÉTABLE. Ne vous y trompez pas;[1] c'est un homme d'un grands poids, que le Maréchal de Saint André, par son éclat à la guerre; & je ne puis m'empêcher de reconnoître, que, si je l'avois cru, je n'eusse pas été battu à Saint Quentin. Votre parti n'est pas assez fort pour négliger un pareil appui: il m'a recherché, & j'ai voulu le bien traiter pour vous l'acquérir, ou du moins pour l'enlever aux Guises. D'ailleurs, je ne sais pas dissimuler mes sentiments; & s'il redisoit mes discours, il ne feroit que m'épargner la peine de les apprendre à d'autres: mais je le connois comme vous, on ne le perd ni on ne le gagne, & il n'est jamais décidé que par le présent; c'est pour cela que l'on ne court pas de risque à l'écouter: & fut-il aux Guises, ce ne seroit pas une raison pour qu'il ne revînt pas à nous. Telles sont les circonstances présentes, & tels sont les hommes d'aujourd'hui, on ne les voit pas mourir dans le parti où ils ont vécu.[2]

Mais, Seigneur, avant de prendre un parti, ne faudrait-il pas que la Reine entendît parler de vous? Vous avez auprès d'elle la Duchesse de Montpensier: cette Princesse joint[3] un esprit profond à un courage élevé; elle aime à plaire sans être frivole, comme la plûpart des femmes: & le Prince de Condé, galant comme il l'est, pourroit-il mieux employer les graces qu'il a reçues de la nature, qu'à se procurer au moins pour amie la

---

[1] M. de Thou dit qu'il avoit le courage grand & l'esprit de même, aimoit extraordinairement le bien & les plaisirs, ayant vécu sous le Roi Henri II. dans le luxe & la magnificence, aux dépens de l'Etat & des particuliers.

[Voir Thou, *Histoire universelle*, III, 375.]

[2] En effet, le Maréchal de Saint André fut lié depuis avec ce même Connétable, & avec le Duc de Guise, & cela s'appela le Triumvirat, auquel se joignit le Roi de Navarre.

[3] Elle étoit fille de Jean de Longwik, Seigneur de Givri; & il ne la faut pas confondre avec Catherine de Lorraine, femme en secondes nôces du même Duc de Montpensier, & l'ennemie déclarée de Henri III. M. de Thou en fait un grand éloge.

[Voir Thou, *Histoire universelle*, IV, 78.]

personne du monde qui a le plus de crédit sur Médicis? La Maréchale de Saint André en aura quelque inquiétude,[1] voilà un grand malheur!

LE P. DE CONDÉ. Sans doute, Madame de Montpensier n'est pas à négliger; & femme d'un Prince du Sang, il est de sa gloire de s'intéresser à nous.

LE CONNÉTABLE. Aussi je ne doute pas qu'elle ne le fasse.

LE P. DE CONDÉ. Verrez-vous la Reine?

LE CONNÉTABLE. J'y vais dans le moment, & j'attendrai pour[2] me déterminer, que j'aye pénétré, s'il est possible, quels sont ses projets.

---

[1] Marguerite de Lustrac, femme du Maréchal de Saint André (Jacques d'Albon), « étoit une femme folle d'ambition & de vanité, & de plus huguenotte, laquelle croyant devenir Princesse donna, après la mort de son mari, la Terre de Valeri au Prince de Condé, qui se mocqua d'elle ». (*Le Laboureur sur Castelnau.*) « Qui voyoit de ce temps-là, dit Brantosme, Valeri meublé, n'en pouvoit assez estimer les richesses... Elle les donna au Prince de Condé, avec ladite maison de Valeri, tout en pur don, pensant l'épouser... Ne voulant accomplir le mariage entre sa fille & M. de Guise... espérant épouser, elle M. le Prince, & sa fille le Marquis de Conti, depuis Henri I. Prince de Condé. Tant y a que ce fut là une liberalité qu'une grande Empérière ou Reine n'en eût voulu user. »

Il n'est pas vrai, comme on l'a dit, que le don de la Terre de Valeri au Prince de Condé, ait été fait sous la bizarre condition que cette Terre deviendroit la sépultre de la Maison de Condé. La preuve s'en tire, 1°. des termes de Brantosme, qui dit que cette Terre fut donnée *tout en pur don*, par conséquent sans condition. 2°. De ce que ce Prince n'y fut point enterré, & que l'usage de porter les Condés à Valeri, n'a commencé quà son fils Henri. Ainsi on doit regarder comme un conte le mot que l'on a fait dire à cette Maréchale: *Si je puis l'avoir vivant, je l'aurai mort.*

[Voir *Mémoires de Michel de Castelnau*, II, 76; et Brantôme, *Œuvres*, V, 31 dont le texte original est: « Bref, qui voyoit de ce temps là Vallery meublé, n'en pouvoit assez estimer ny en priser les richesses. La pluspart desquelz meubles madame la mareschalle de Sainct-André, estant vesve, donna à M. le prince de Condé, avec ladicte maison de Vallery, tout en pur don, pensant l'espouser; d'autres disoient par capriche car, estant de la religion et ne volant accomplir le maryage promis entre sa fille madamoyselle de Sainct-André, et M. de Guyze, que les deux pères avoient accordé, elle luy fit ce beau présent par amourettes, affin qu'ell'espousast M. le Prince, et sa fille le marquis de Conty, depuis prince de Condé. Tant y a que ce fut là une libérallité qu'une grande emperière ou reyne n'en eust voulu user. »]

[[2] ms: à]

SCENE V

La Scène est au Louvre, dans l'appartement de la Reine

La Reine
Le Connétable

LA REINE. Connétable, je suis très-aise de vous voir, & j'oublie aujourd'hui tous les sujets que vous m'avez donnés de me plaindre de vous.

LE CONNÉTABLE. Moi, Madame?

LA REINE. N'en parlons plus; vous savez avec quelle témérité vous avez osé attaquer ma conduite auprès du Roi mon époux.

LE CONNÉTABLE. Avez-vous pû ajouter foi…

LA REINE. Sans doute votre intérêt vous faisoit parler alors, pour rendre plus chere au Roi la fille qu'il avoit eue de Philippe Duc, & que votre fils avoit épousée.[1] Cet excès d'audace, qui[2] retombe sur mes enfans, mériteroit la mort; mais le souvenir du Roi, qui vous aimoit, & qui vous avez bien servi, l'emporte sur tous[3] mes ressentimens.

De Thou, Mezerai.

La Planche, De Thou.

LE CONNÉTABLE. Une semblable indulgence est un affront sanglant pour un homme tel que moi.

LA REINE. Les tems sont un peu changés, mais la vertu ne change point; & je m'assure que le Roi mon fils peut compter sur votre fidélité.

LE CONNÉTABLE. Qu'il me soit permis d'agir, Madame, & de lui marquer mon zéle, & il me verra le même dans les conseils & dans les armées.

[1 Il s'agit de Diane de France, duchesse d'Angoulême (1538-1619), fille de Filippa Duci. Elle épousa en secondes nôces François de Montmorency en 1559.]

[2 ms: épousée. Car vous avés toûjours recherché la faveur mes maîtresses, une pareille audace qui]

[3 ms: Roy m'est si cher, et vous l'avez si bien servy, que je lui sacrifie tous]

LA REINE. Vous y seriez[1] utile, sans doute, & les fautes que vous fîtes lors du passage de Charles-Quint à Paris, & à la journée de Saint Quentin,[2] vous auront été d'une grande instruction.[3]

De Thou, Mezerai, Varillas, Chalons, Daniel Le Gendre.

CONNÉTABLE. Madame, je ne me reproche point d'avoir cru[4] l'ennemi de mon maître aussi généreux que lui. Pour la Bataille de Saint Quentin, Votre Majesté peut-elle la rappeller? Est-ce ma faute, si M. de Guise, appuyé de la Duchesse de Valentinois, fait rompre, par une infidélité manifeste, la tréve avec l'Espagne, afin d'avoir le commandement de l'armée d'Italie, où il comptoit de faire valoir de prétendus droits de sa maison sur le Royaume de Naples? Les Espagnols irrités de ce manque de parole, entrent subitement en France, & on n'imputera qu'à moi le[5] hazard d'une guerre, dont l'ambition seule de Messieurs de Guise a été la cause, & où je ne rougis point d'avouer que mon zéle m'emporta trop loin?[6]

LA REINE. Ces souvenirs que je rappelle, sont une vengeance bien douce de la légéreté de vos discours. Brisons-là. Vous venez d'entendre à l'audience que le Roi a donnée aux Députés du Parlement, quelles sont ses volontés; il leur a déclaré qu'il avoit choisi le Duc de Guise & le Cardinal de Lorraine son frere, pour gouverner son État; que le premier auroit soin des

De Thou, Mezerai.

[1 ms: serez]

[2 Le 10 août 1557.]

[3 ms: servy de grandes instructions.]

4 L'Empereur avoit demandé passage par la France pour aller punir la révolte des Gantois, & avoit promis, dès qu'il seroit en Flandre, de donner au Roi l'investiture du Milanès pour celui de ses enfans qu'il voudroit. Le Cardinal de Tournon ne vouloit pas que l'on se contentât d'une simple promesse, & le Connétable au contraire fut d'avis de s'en tenir à la parole de ce Prince. Charles-Quint se mocqua de ses engagemens, & le Roi s'en prit au Connétable que l'on soupçonna de s'être laissé gagner par la Reine Eléonore sœur de l'Empereur.

[5 ms: on m'imputera le]

[6 ms: [phrase absente du manuscrit] & où... loin?]

affaires de la guerre, & l'autre celles des finances, & qu'à l'avenir il falloit s'adresser à eux.[1]

LE CONNÉTABLE. Oui, Madame, j'ai entendu ces paroles. Mais Votre Majesté a-t-elle oublié que François I. avertit en mourant le Roi son fils & votre époux d'être en garde contre l'ambition des Guises, & de les éloigner de l'administration des affaires; qu'il n'y a pas trois mois le feu Roi avoit résolu de les renvoyer aussi-tôt après que la cérémonie des mariages seroit faite? Et[2] me sera-t-il permis de vous représenter, quelque respect que j'aie pour les volontés de mon maître, qu'il est bien jeune encore pour se choisir lui-même ses Ministres? Je n'examine pas qui a pû lui inspirer ce parti, s'il est utile pour l'Etat d'être gouverné par des Etrangers, si vous-même n'élevez pas contre vous une Puissance qu'il ne vous sera aisé de détruire. Je ne vous dirai pas que la jeune Reine rend ses oncles bien indépendans, & qu'en vous conformant aux lois & aux usages de ce Royaume, qui, avec la Régence, vous[3] donnent pour principaux conseillers les Princes du Sang, il eût semblé que Votre Majesté auroit agi plus conformément à ses intérêts. Les Princes du Sang, Madame, auront toujours besoin de vous auprès du Roi, & Messieurs de Guise travailleront à ne dépendre que d'eux-mêmes.

De Thou, Mezerai.

LA REINE. Messieurs de Guise ont fait leur preuve de zéle & de capacité: quant à mes intérêts, doivent-ils entrer pour quelque chose dans les vûes générales de l'Etat? Le Roi mon fils est majeur, c'est à lui à choisir ses Ministres, & à moi d'obéir. Pour vous, vous devez être assuré, & je vous parle au nom du Roi, que vous aurez une place honorable dans son Conseil, lorsque votre santé vous permettre d'y assister.

[1 Voir aussi le brouillon d'une *Instruction présentée au Roi, au sujet de la déclaration de sa majorité:* 'Lorsque le parlement eût envoyé des députés de son corps au roi François II, suivant la coutume, pour l'assurer de son obéissance et recevoir ses commandements, le roi leur dit: « qu'il avait choisi le duc de Guyse et le cardinal son frère, par le conseil de la reine sa mère, pour mettre entre leurs mains les affaires de tout le royaume; de sorte que le premier aurait soin de la guerre, et l'autre des finances. »; voir *Œuvres inédites de M. le président Hénault*, p. 284.]

[2 ms: faitte? (La Planche) Et]

[3 ms: qui vous déferent la Régence, et qui vous]

LE CONNÉTABLE. Une place honorable! Eh, en peut-il être une pour moi à la suite de ceux que j'ai toujours commandés, & ne déshonorerois-je pas ma Charge en marchant après eux? Non, Madame, je m'abstiendrai de venir au Conseil tant qu'il subsistera tel qu'il est; mais je serai toujours prêt à exécuter, avec autant de zéle que de promptitude, les commandemens du Roi; & quoiqu'en puissent dire mes ennemis, il me retrouvera tel que m'ont vû son pere & son ayeul.

LA REINE. Je ne reçois point vos refus, vous y penserez; mais je suis bien aise, pour la gloire de mon fils, de vous exposer quelles sont les premiéres opérations de son Régne, je vais vous en lire le précis.

<small>De Thou, Mezerai.</small>

On ôte les Sceaux à Bertrandi,[1] ce digne favori de Madame de Valentinois, & l'on rappelle le Chancelier Olivier, dont les mœurs, les[2] lumiéres, les talens, la douceur & la parfaite intégrité sont connus.

<small>Mezerai.</small>

LE CONNÉTABLE *à part.* Dieu veuille qu'il ne reconnoisse pas tôt ou tard qu'il a été rappelé à la servitude plutôt qu'à *la libre fonction du Chef de la Justice!*

<small>De Thou, Mezerai.</small>

LA REINE. Voici un Edit qui défend aux particuliers l'usages des armes à feu.

LE CONNÉTABLE *à part.* Messieurs de Guise songent à leur sécurité.

LA REINE. Le Roi, par un autre Édit, réunit à son Domaine ce qui en avoit été démembré.

---

[1] Bertrandi, que l'on avoit fait venir de Toulouse à la recommandation du Connétable, avoit été premier Président à la place de Lizet qui avoit déplû à Messieurs de Guise, & qui resta si pauvre, qu'il n'avoit pas acquis, disoit-il, autant de terre qu'il y en avoit sous la plante de ses pieds; l'Abbaye de Saint Victor lui fut donnée pour prix de sa démission. La fortune de Bertrandi d'en demeura pas là: cet homme n'avoit cependant d'autre mérite que d'être affable, poli, à l'égard de tout le monde sans distinction, & magnifique à l'excès. On ôta les Sceaux à François Olivier, qui refusa constamment de donner la démission de son Office de Chancelier, & on créa pour la premiere fois en faveur de Bertrandi un Office de Garde des Sceaux, qui jusques-là n'avoit été possédé que par commission.

[² ms: et les]

LE CONNÉTABLE. Cet Édit est bien sage, Madame, mail il faut que Votre Majesté ait attention que ce ne soit pas un prétexte de gratifier qui l'on voudra, & de se faire des créatures à vos dépens & aux dépens du Roi. Mezerai.

LA REINE. Sans doute. Enfin en voilà un dernier. Le Roi voulant qu'il n'y ait dans toutes les Cours du Royaume, que[1] des Juges d'une intégrité reconnue, & qui joignent à la probité la science des loix, ordonne qu'à l'avenir, lorsqu'il se trouvera une[2] place vacante par mort, les Juges lui présenteront trois Sujets vertueux & éclairés, entre lesquels Sa Majesté en choisira un. De Thou.

LE CONNÉTABLE. O illustre Chancelier, digne d'un meilleur tems! Cette loi, Madame, pourvû qu'elle soit exécutée, doit seule immortaliser le Régne du Roi, si la Justice est la premiére vertu des Souverains.

LA REINE. De plus le Cardinal de Tournon est rappellé dans le Conseil; c'est un homme d'une rare prudence, & consommé dans les affaires; vous savez qu'il avoit[3] la principale autorité sous le Roi mon beau-pere, mais j'oublie que vous ne l'aimez pas. Mezerai.
De Thou,
Mezerai.

LE CONNÉTABLE. Je n'en rends pas moins justice à ce qu'il vaut; & peut-être les sentimens qu'on m'impute ne lui ont-ils pas nui auprès de Messieurs de Guise?

LA REINE. Je finirai par la sage résolution que le Roi a prise de ne plus accumuler les Emplois; c'est rendre inutiles les[4] bons sujets, & s'ôter les moyens de les récompenser, que de mettre tant de dignités sur la tête d'un seul. Vous savez mieux que personne, que le feu Roi a rendu un Édit à ce sujet, puisque vous le fîtes valoir alors contre le Maréchal d'Annebaut, qui n'est pas de vos amis,[5] & que vous forçates de renoncer au Mezerai.

[1 ms: dans les Compagnies souveraines du Royaume, et dans les Siéges inférieures que]

[2 ms: trouvera dans les Tribunaux une]

[3 ms: et que vous savés qui avoit]

[4 ms: priver les]

[5 ms: que vous n'aimiez pas]

Bâton de Maréchal de France. Coligni s'est déja exécuté, & il a opté pour le Gouvernement de l'Isle de France, en remettant celui de Picardie.

LE CONNÉTABLE. J'entens, Madame; on en veut à mes Emplois: mais quel est le plus envié? Veut-on que je cesse d'être Connétable?

LA REINE. À Dieu ne plaise!

<small>De Thou, Mezerai.</small>

LE CONNÉTABLE. C'est-à-dire que je dois remettre ma Charge de Grand-Maître de la Maison du Roi.

LA REINE. Je vous le conseille.

LE CONNÉTABLE. Mais mon fils, Madame, à qui le feu Roi en a accordé la survivance, comme une principale partie du dot de la fille naturelle qu'il lui a fait épouser?

<small>De Thou, Mezerai.</small>

LA REINE. On y a pourvû; & le Roi, par une distinction singuliére, veut bien le faire Maréchal de France surnuméraire.[1]

LE CONNÉTABLE. Et ma Charge de Grand-Maître, oserais-je demander à Votre Majesté à qui on la donne?... Au Duc de Guise, sans doute?

<small>Mezerai.</small>

LA REINE. Oui; il en a déja fait les fonctions durant votre prison, & les fait tous les jours en votre absence.

LE CONNÉTABLE. Il suffit, Madame; il ne reste que le mérite de l'obéissance la plus prompte, à qui est privé des occasions de servir son Roi.

LA REINE. Non, Monsieur le Connétable, ne croyez pas que le Roi renonce à vos services; des hommes tels que vous sont trop rares pour que l'on s'en prive.[1]

---

[1] Le nombre des Maréchaux de France étoit fixe alors; mais le Connétable qu'on ne laissoit pas de ménager, fit si bien, que, sans se fier à une expectative de Cour, son fils fut pourvû de l'état de Maréchal de France, établi extraordinairement, avec suppression du premier état de Maréchal qui vacqueroit.

Il sort[2]

SCENE VI[3]

La Reine
La Duchesse de Montpensier entre par le cabinet de la Reine

LA D. DE MONTPENSIER. L'homme qui sort ne me paroît pas content.

LA REINE. Comment voudriez-vous qu'il le fût?

LA D. DE MONTPENSIER. Le Prince de Condé, à qui sans doute il va porter son chagrin, ne le sera pas davantage.

---

[1] Le Connétable, Anne de Montmorenci, servit sous cinq Rois, & eut grande part au gouvernement de l'Etat sous François I. & sous Henri II. Sa sage conduite lorsque Charles-Quint descendit en Provence, fut le plus bel endroit de sa vie; il fut blessé en 1567. le 10. Novembre à la Bataille de Saint Denis, & mourut le troisiéme jour, c'est-à-dire, le 12. de ce mois, de ses blessures: il étoit âgé, non pas de 80. ans, comme le disent la plûpart des Historiens, mais seulement de 74. ainsi qu'il est expressément marqué dans son épitaphe gravée sur une plaque de cuivre, qui fut d'abord attachée à son tombeau dans l'Eglise de Montmorenci, & qui a depuis été transportée dans la Sacristie de cette même Eglise. La Bataille de Saint Denis qu'il donna, & dont les deux partis se disputérent l'honneur, étoit la huitiéme où ce Général s'étoit trouvé, & la troisiéme où il avoit commandé en personne: malgré son grand âge, & huit blessures qu'il reçut dans cette derniére, il eut encore la force de casser, du pommeau de son épée, trois dents à Robert Stuard qui lui avoit lâché un coup de pistolet dans les reins.

Il eut cinq fils & plusieurs filles de Magdeleine de Savoye, fille de René, Bastard de Savoye, & Dame-d'honneur de la Reine Elisabeth d'Autriche: les mâles furent François Maréchal Duc de Montmorenci; Henri qui fut Pair, Maréchal de France & Connétable; Charles qui fut fait Duc d'Anville & Amiral de France; Montbron, & Thoré. On lui rendit, à sa mort, des honneurs qu'on ne rend qu'aux Souverains: on porta son effigie à ses funérailles, & il eût été enterré à Saint Denis, si par son testament il n'avoit pas ordonné sa sépultre dans l'Eglise de Montmorenci. C'étoit un grand homme de guerre, mais on lui reprochoit un peu de lenteur, qui l'empêchoit de donner aux Troupes une certaine vivacité nécessaire pour vaincre, & de poursuivre sa victoire après avoir vaincu. La Reine l'avoit toujours craint, & ne l'avoit jamais aimé.

[2 ms: didascalie absente du manuscrit]

[3 Fréron appréciait beaucoup cette scène, et il écrivit dans son compte rendu du 18 novembre 1757: « Que ne puis-je, Monsieur, vous rapporter en entier cette scène admirable qui finit le premier Acte! »; voir *L'Année littéraire*, VII, 248.]

Mezerai.

LA REINE. Et ils auront raison. Ma chere Montpensier, je suis bien à plaindre, & c'est un grand malheur de n'avoir à se décider qu'entre des inconvéniens à-peu-près égaux: le parti que l'on préfere[1] devient à l'instant le pire, par la révolte qu'excite cette préférence[2] dans l'esprit de ceux que l'on a négligés.

Mezerai.

LA D. DE MONTPENSIER. Oui, Madame, Votre Majesté est à plaindre, & d'autant plus qu'elle l'est par ce qui devroit rendre son Régne glorieux. Jamais tant de grands hommes n'environnérent le Trône, & ce qui en fait ordinairement la puissance, en sera peut-être aujourd'hui la destruction. La jalousie des talens, qui cause l'émulation sous un Régne affermi, n'est, sous un prince foible, que la source des troubles & des dissensions, & ce concours de personnages illustres ne produit que des téméraires, qui, prétendant tous à l'autorité, commencent par la diviser, & finissent par l'anéantir.[3]

LA REINE. Il étoit pourtant impossible de ne pas donner l'autorité à quelqu'un.

LA D. DE MONTPENSIER. Pourquoi ne la pas garder pour vous?

LA REINE. Et me l'auroit-on laissée?

LA D. DE MONTPENSIER. Du moins à choses égales, & dans l'incertitude du succès, faut-il se déterminer pour le parti qui semble le plus juste?

LA REINE. C'est-à-dire qu'il falloit m'exposer à me voir disputer l'autorité par ceux qui avoient le plus de droit de la partager; n'étoit-il pas plus raisonnable de n'y associer que des hommes, qui, n'y ayant aucun droit, me ménageroient davantage? D'ailleurs, voyez quels sont aujourd'hui les Princes du Sang, le Roi de Navarre, homme foible, conduit par

---

[1 ms: choisit]

[2 ms: le choix]

[3 « Il n'y a pas de plus grand malheur pour les Etats, que ce concours de personnages illustres & puissans, qui, prétendant tous à l'autorité, commencent par la diviser, & finissent par l'anéantir » (Hénault, *Abrégé*, I, 480).]

Descars¹ & l'Evêque de Mande, qui me rendent compte de tout; votre mari² dont j'ai fait la fortune; le Prince de la Roche-sur-Yon, dont la femme est ma Dame-d'honneur: vous voyez qu'il n'y a parmi eux que le Prince de Condé, qu'après tout je pourrai réduire; au lieu que de l'autre côté il y a le Duc de Guise, le Cardinal de Lorraine, leur niéce ma belle-fille, qui peut beaucoup sur l'esprit du jeune Roi son mari; le brave Duc de Nemours, le Duc de Nevers, & tout ce que vous connoissez.

LA D. DE MONTPENSIER. Et comptez-vous pour rien les trois Chastillons alliés aux Condés, le Connétable de Montmorenci, l'amour des soldats, le Maréchal de Saint André?

LA REINE. Celui-ci est aux Guises; &, dans la crainte d'être accablé par ses créanciers, il vient de se démettre entre leurs mains de la propriété de tous ses biens, dont on lui laisse l'usufruit en mariant sa fille avec un fils du Duc de Guise. D'ailleurs, songez-vous ce que c'étoit que de me livrer aux Princes du Sang? Vous auriez vû sur le champ dans le Conseil, comme vous le dites vous-même, le Cardinal de Chastillon, l'Amiral de Coligni, Dandelot, les trois Chefs de la Religion nouvelle, dont le Roi de Navarre est infecté. [De Thou.] [Varillas.]

LA D. DE MONTPENSIER. Le Roi de Navarre! Je ne le crois pas.

LA REINE. Mais le Prince de Condé du moins; & quelle Religion!

LA D. DE MONTPENSIER. Je conviens qu'elle détruit de fond en comble la véritable.

LA REINE. Ce n'est pas là de quoi il s'agit; mais c'est une Religion dont le génie populaire tend à renverser tous les

---

¹ Descars étoit Chambellan du Roi de Navarre, & l'Evêque de Mande, bâtard du feu Chancelier Duprat, étoit Maître des Requêtes, & chef de son Conseil.

² Jacqueline, fille de Jean de Longwic, Seigneur de Givri, Princesse de Montpensier, se distingua par un courage & une prudence au-dessus de son sexe, & eut le crédit de faire rendre à son mari le Duc de Montpensier, le Duché de Chatelleraut, le Comté de Forêt, le Dauphiné d'Auvergne, la Seigneurie de Beaujolais, la Baronnie de Dombes, & autres grandes Terres qui avoient été confisquées sur le Connétable de Burbon, oncle maternel du Duc de Montpensier: elle fut bisayeule de la femme de Gaston. (*Varillas.*)

fondemens de l'autorité. Cet esprit particulier, qui en fait le principe, s'étend sur tout: quand on s'est établi l'arbitre de sa croyance, on n'est pas loin de s'ériger en juges[1] de ceux qui gouvernent. Une Religion anarchique enfante des sujets indociles; l'hérésie, surtout, dans un grand état, ne produit que des Républicains, car les petits Princes s'en peuvent sauver; ajoutez à cela, que je mettois contre moi tout le Clergé.

LA D. DE MONTPENSIER. Madame, ne vous y trompez pas; vous auriez eu peut-être, & sans doute, le Clergé contre vous, mais ç'auroient été du moins des ennemis déclarés; au lieu que vous aurez aujourd'hui dans le Clergé des ennemis cachés, qui seront bien plus dangereux.

LA REINE. Comment?

De Thou.

LA D. DE MONTPENSIER. Le Clergé est sûr de Messieurs de Guise, parce que leur intérêt est de défendre la Religion Romaine, dès que les Princes du Sang cherchent à introduire[2] le Calvinisme; par conséquent le Clergé est à eux: ils ne sont pas si sûrs de vous qui pouvez changer de parti; de sorte que Messieurs de Guise seront toujours les maîtres de vous rendre suspecte à ce Corps redoutable, qui deviendra d'autant plus contre vous, que vous voudrez avoir l'air de le ménager.

LA REINE. Hé bien, Duchesse, nous verrons. Si Messieurs de Guise me causent trop d'embarras, il faudra se rejetter du côté du Prince de Condé; &, au pis aller, en balançant les uns par les autres, & en leur donnant de la jalousie tour-à-tour, je les affoiblirai mutuellement, & mon autorité s'accroîtra de leur division. Qu'ils se gardent tous d'irriter Médicis, il leur en coûteroit cher pour me connoître. A armes égales, je ne ferai que politique;[3] mais si l'on osoit me résister en face, Duchesse, l'Italie qui m'apprit l'art de feindre, m'apprit aussi celui de me venger.

[¹ ms: après s'être etably chacun le juge de sa croiance, il n'y a pas loin de s'établir de juge]

[² ms: sitôt que les Princes du sang cherchent à instruire]

[³ ms: je ne feray que politique à armes égales]

LA D. DE MONTPENSIER. Ah! Madame, vous préserve le Ciel de pareilles extrémités!

LA REINE. Je ne chercherai point la vengeance, mais je ne l'appellerai jamais en vain.

LA D. DE MONTPENSIER. Mais, Madame, la santé du Roi, nous n'en parlons point; n'est-ce pas une grande matiere à réflexions dans[1] tant de perplexités?

LA REINE. C'est un frein de plus pour les Guises, dont la grande force vient aujourd'hui de ce qu'ils ont leur niéce pour femme du Roi, & qui en prévoyant comme nous un événement funeste, doivent me ménager pour un avenir, où ils retomberoient dans la foule des courtisans ordinaires, & reviendroient[2] de simples particuliers... Avez-vous vû Gauric?

LA D. DE MONTPENSIER. Oui, Madame, je l'ai fait conduire à Vincennes, & on l'a introduit secretement chez le Prince Charles,[3] chez le Prince Henri, & chez leur frere le jeune Duc d'Alençon.

LA REINE. Il a aussi vû mes filles?

LA D. DE MONTPENSIER. Je l'y ai mené moi-même, & je l'y ai laissé seul.

LA REINE. Vous riez de ma crédulité.

LA D. DE MONTPENSIER. Non, je ne ris point; je conviens qu'il y a des choses surprenantes dans cet homme, on ne sauroit nier les faits; mais en même tems Votre Majesté sent mieux que moi tout ce qu'il y a à dire à ce sujet.

LA REINE. La mort du feu Roi... n'est-ce pas une prédiction bien extraordinaire?

LA D. DE MONTPENSIER. J'en conviens.

[[1] ms: grande consideration dans]

[[2] ms: et où ils redeviendoient]

[3] Ce fut depuis Charles IX.

LA REINE. Hélas! Cher & malheureux Prince, vous méprisâtes mes craintes, & vous négligeâtes mes pronostics.

LA D. DE MONTPENSIER. Et qu'auroit-il pû faire en y ajoutant foi?

<small>Varillas.</small>

LA REINE. Vous savez que nous partons pour Saint-Germain, allez vous préparer; j'y suivrai le Roi, que je crois de mon devoir de ne pas abandonner absolument à Messieurs de Guise. Il m'est revenu que l'on critiquoit ce voyage, & que l'on me blâmoit de sortir, contre l'usage, de mon appartement, avant les quarante jours; mais dès que l'on a cru que le Roi devoit quitter Paris, il falloit bien que je le suivisse.

Fin du premier Acte.[1]

[[1] ms: didascalie absente du manuscrit]

ACTE II

SCENE PREMIERE

Le Théâtre représente le Château de Saint Germain

Le Duc de Guise
Le Cardinal de Lorraine

LE DUC DE GUISE. J'espère qu'il se le tiendra pour dit, que nous en voilà défaits, & que le dégoût qu'il vient d'essuyer le renverra dans le fond du Béarn, d'où son frere avoit eu assez de peine à le tirer.

LE CARDINAL.[1] Comment cela s'est-il passé?

---

[1] Lotharingus Card. Homo inquieto ac rerum novarum cupido ingenio, & si ferociam bellicam demas, Carafæ ipsi non absimilis... Ultra modum insolens, ac vehemens erat Caroli Card. animus... (d'un caractère impétueux & violent.) Vir multis & raris animi simul ac corporis dotibus præditus, sed levitate insita, & omnem modum supergressa ambitione non-solum Galliæ, sed suis fatalis; ad hæc summe tota vita inæqualis, & in prosperis insolens, in adversis infractus... (insolent dans la prospérité, abattu dans la disgrace.) Verum ingenium otii impatiens, & rerum novarum appetens, in perpetua inconstantia tanquam in salo fluctuabat, & dum præsentia fastidit, præfuturorum ac incertorum desiderio nunquam quiescebat... Protestantium partibus apud nos semper infestus, Sacri Ordinis veluti Patrocinium suscepit, cui postremo gravis... Utrique parti æsque invisus, in summo omnium odio è vita migravit (Egalement odieux aux deux partis, il emporta avec lui la haine des uns & des autres.) Thuanus, Libr. XVI. XXIII. LIX. Ann. 1555. 1559. 1574.

[« Le cardinal de Lorraine, dont l'esprit broüillon aimoit les nouveaux projets, & qui, à l'humeur guerriere près, ressembloit assez au cardinal Caraffe »; « Charle [sic] cardinal de Lorraine étoit d'un caractere impetueux & violent »; « C'étoit un homme qui possédoit de grandes qualités d'esprit & de corps; mais que son inconstance naturelle & une ambition démésurée rendirent fatal au Royaume, & même à toute sa famille. On ne vit jamais de caractére plus bizarre; ferme dans l'adversité, il étoit d'une fierté insupportable lorsque la fortune favorisait ses desseins »; « Du reste, il étoit inquiet, brouillon, incapable de se fixer, jamais content du present, toûjours soûpirant après un avenir incertain, roulant toujours de nouveaux desseins »; « Ennemi mortel des Protestans depuis son retour du Concile & la mort de son frére, il se déclara le Protecteur du Clergé à qui il devint lui-même à charge »; « Ainsi églament odieux aux deux partis, il emporta avec lui

<small>De Thou, Mezerai.</small>

LE DUC DE GUISE. Ayant appris l'arrivée du Roi de Navarre, j'ai eu attention de mener le Roi à la chasse d'un autre côté, afin qu'il ne le rencontrât pas: comme j'accompagnois le Roi, j'avois une raison de ne pas m'éloigner.[1] Le Roi de Navarre est arrivé sans que j'aie été au-devant de lui, comme c'est l'usage, & sans même lui avoir fait marquer de logement suivant sa dignité.

LE CARDINAL. Cela est fort bien.

LE DUC DE GUISE. Le Maréchal de Saint André a voulu me faire entendre[2] que je devais lui céder le logement que j'occupe, qui est le plus considérable de la Cour & qui appartient à ma charge, j'ai déclaré publiquement que je perdrois plutôt la vie que de souffrir qu'il me fût ôté.

LE CARDINAL. Vous êtes dans la régle. Et où loge-t-il?

<small>Mezerai.</small>

LE DUC DE GUISE. Il a été un moment sur le point de s'en retourner, mais le Maréchal de Saint André lui a cédé son logement.

LE CARDINAL. Et la Reine, que dit-elle à tout cela?

---

la haine des uns & des autres »; voir Thou, *Histoire universelle*, II, 612; III, 375; et VII, 165-66.]

(Par les témoignages même de ses gens) pour n'être jamais trompé, il falloit croire toujours le contraire de ce qu'il disoit. (*Journ. de Henri III. année* 1574.)

[La citation exacte est: « Le bon arbre, dit nostre Seigneur, se connoit par le fruict. Ce fruit estoit (par les tesmoignages mesme de ses gens) que pour n'estre pas trompé il faloit croire tousjours tout le contraire de ce qu'il vous disoit »; *Journal de Henri III*, I, 8.]

M. le Cardinal son frère (Duc de Guise) tout Ecclésiastique qu'étoit, n'avoit pas l'ame si pure, mais fort brouillée... de nature il étoit fort timide & poltron. (*Brantosme, Capitaines François, tome III.*) (VI.)

[« M. le cardinal son frère, tout eclésiastique qu'il estoit, n'avoit pas l'âme si pure, mais fort barbouillé [...] de nature il estoit fort timide et poltron »; Brantôme, *Œuvres*, IV, 79.]

[[1] ms: le pretexte de ne le pas quitter.]

[[2] ms: me représenter]

LE DUC DE GUISE. Catherine a paru un peu étonnée de la hauteur avec laquelle j'ai soutenu mes droits, mais elle en a trop fait pour changer si-tôt de sentimens: cependant, comme toute notre faveur auprès d'elle n'a d'autre fondement que l'opinion où elle a été, que nous serions moins en état de lui disputer la principale autorité, que n'auroient pû faire les Princes du Sang, il ne faut pas douter que sa méfiance augmentant avec notre crédit, elle ne cherche à reprendre successivement tout le pouvoir[1] dont elle nous a aidés à nous emparer.

LE CARDINAL. Cela lui sera difficile.

LE DUC DE GUISE. Oui, peut-être bien, auprès du Roi, la Reine notre niéce n'agit que par nos impressions, & il n'a de volonté que la sienne. Mais, mon frere, ce ne sera pas auprès du Roi que Médicis cherchera à nous attaquer.

LE CARDINAL. Comment?

LE DUC DE GUISE. Non, sans doute: le Roi simple spectateur dans sa Cour, n'y sera que le témoin des scènes qui s'y joueront; Médicis jalouse relevera un parti qu'elle a commencé d'abattre. Et qui sait l'usage qu'elle veut faire des Princes du Sang & de la Religion?

LE CARDINAL. Cela pourroit être.

LE DUC DE GUISE. Il faut la prévenir, & pour assurer notre autorité, mettre le peuple dans notre parti.

LE CARDINAL. Et quelle voie imaginez-vous pour cela?

LE DUC DE GUISE. De chercher à le gagner, de rendre notre gouvernement agréable, de lui faire oublier à force de bons traitemens, que nous n'étions pas faits pour lui commander.

LE CARDINAL. Voilà des moyens bien frivoles.

LE DUC DE GUISE. Quoi donc? Y a-t-il des moyens plus sûrs d'affirmer son pouvoir, que de rendre ce pouvoir utile &

[1 ms: toute l'autorité]

agréable? Le Trésor Royal dont nous sommes les maîtres, nous donne cet avantage; voudriez-vous le négliger? Faisons nous aimer, mon frere, & nous serons inébranlables.

LE CARDINAL. Nous faire aimer! Vous connoissez bien le peuple? Et est-ce là le discours d'un homme d'État?

LE DUC DE GUISE. Il est aisé d'entreprendre lorsqu'on laisse au courage des autres la difficulté de l'exécution, mais on ne s'avance qu'avec précaution lorsqu'on n'a jamais sû reculer. Expliquez-vous, vous avez apparemment de meilleurs moyens.

LE CARDINAL. Oui, sans doute.

LE DUC DE GUISE. Mais pourvû que l'on soit le maître, cela ne suffit-il pas?

LE CARDINAL. Non; dans les circonstances où nous sommes il faut faire sentir le joug[1]. Le peuple se croit indépendant quand son obéissance est volontaire;[2] il faut qu'il reconnoisse les fers auxquels il est attaché, qu'il avoue qu'il n'est pas libre, & qu'il sente qu'il ne peut le devenir; sans cela il est susceptible des impressions des mal-intentionnés, il se laisse aborder par la séduction, il ne lui paroît pas impossible de changer de domination: en un mot, moins son obéissance lui coûte, moins il sait qu'il a un maître, & par conséquent plus il est prêt d'en prendre un nouveau.[3]

LE DUC DE GUISE. Mon frere, voilà d'étranges maximes, on ne les pardonneroit pas à un tyran, & cependant un tyran auroit pour lui le prétexte de la soumission[4] qui lui est dûe, & ses sujets malheureux n'auroient d'autre droit que la plainte & les

---

[1 ms: il faut faire le joug.]

[2 ms: Le people se croit le maitre d'obéir, quand il obéit volontairement]

[3 Cette section n'est pas sans rappeler le chapitre XVII du *Prince* de Machiavel, intitulé 'De la cruauté et de la clémence: et s'il vaut mieux être aimé que craint'. Un exemplaire des *Œuvres* de Machiavel se trouve au numéro 282 dans le *Catalogue des livres de la bibliothèque de feu M. le président Hénault*.]

[4 ms: l'obéissance]

représentations. Mais[1] nous, qui sommes-nous? Des Étrangers que la fortune a placés à côté du Trône, & qu'elle en peut faire tomber: des Étrangers que l'on peut attaquer sans crime, parce que notre autorité n'est fondée sur aucun droit divin ni humain: des Étrangers qui, entre nous, avons usurpé un pouvoir qui ne nous appartenoit pas, & avons ôté le commandement aux Princes du Sang à qui il appartenoit.

Bayle.

LE CARDINAL. Et c'est précisément à cause de cela que nous devons rien ménager. Que ceux que leur naissance autorise à gouverner cherchent à plaire, cela leur est bien aisé, ils ne courent aucun[2] risque; ils ont pour les défendre contre les séditieux dans l'esprit des peuples, des droits reconnus par la Nation: mais nous, en qui tout est usurpation, nous ne devons pas entreprendre à demi, la terreur qui nous tient lieu de droit, & nous serons bien-tôt méprisés si nous ne sommes pas craints.

LE DUC DE GUISE. Jusqu'ici le Prince de Condé ne paroît que mécontent, & je ne vois pas encore[3] qu'il cherche à rien entreprendre.

LE CARDINAL. Mon frere, c'est là précisément ce qui m'inquiéte.[4] Le Prince de Condé tranquille est un homme dangereux; sa prudence lui acquiert des partisans, & son peu de crédit fait qu'on le plaint; nous ne saurions le perdre tant qu'il ne donnera point de prise sur lui: je veux de lui quelque révolte bien marquée, quelque action d'éclat qui puisse le rendre criminel auprès du Roi, & qui nous autorise à le traiter avec tant de rigueur, que le peuple soit détrompé du crédit qu'il suppose à un Prince du Sang.

LE DUC DE GUISE. Cette révolte n'arrivera que trop tôt, & il est bien à craindre que l'abandon où le Roi le laisse ne le livre

---

[1 ms: représentations, sans qu'il leur fut [sic] permis de s'affranchir d'une autorité, qui pour être barbare, n'en est pas moins legitime. Mais]

[2 ms: nul]

[3 ms: je ne vois pas qu'il cherche]

[4 ms: c'est la ce qui me fache.]

aux Protestans. Quel homme ce seroit, s'il avoit un parti! & que ce parti seroit puissant avec un pareil Chef!

LE CARDINAL. J'en conviens, & nous devons nous y attendre. La fermentation que la nouvelle Religion a excitée[1] dans les esprits ne sauroit tarder à produire des effets redoutables: mais, mon frere, comme nous ne sommes pas les maîtres des circonstances, il faut les faire servir à notre grandeur; il faut que l'attachement des peuples pour l'ancien culte, auquel notre intérêt nous lie inviolablement, nous tienne lieu auprès d'eux de ce qui manque réellement à notre pouvoir, & que l'amour des nouveautés dégrade les Princes du Sang, & les dépouille de ce respect qui est devenu un préjugé insurmontable dans la Nation.

LE DUC DE GUISE. Voici l'heure du Conseil, entrons: le Roi ne pourra y assister, il s'est senti plus mal;[2] & ce matin, dans son lit, je lui ai trouvé sur le visage des espèces de pustules qui m'inquiétent: Paré[3] n'est pas plus tranquille que moi.

SCENE II[4]

Le Conseil du Roi composé de la Reine, du Roi de Navarre, du Prince de Condé, du Duc de Guise, du Cardinal de Lorraine, du Chancelier Olivier; le fauteuil du Roi est vide dans le milieu.

LA REINE. Nous avons aujourd'hui de grands objets à discuter, commençons par le plus important qui est celui de la Religion. Cardinal de Lorraine, cette matiere vous regarde.

[1 ms: jetté]

[2] Il avoit la fiévre-quarte depuis trois mois.

[3] Ambroise Paré, premier Chirurgien du Roi.

[4 « Mais lisez sur-tout, Monsieur, la seconde scène de cet Acte où tous les membres du Conseil du Roi discutent les intérêts de l'Etat & de la Religion, ou plutôt leurs intérêts particuliers. Que de vûes, que d'adresse, quel développement du cœur humain dans cette belle scène » (*L'Année littéraire*, 18 novembre 1757, VII, 249)].

LE CARDINAL *se levant.* Madame, la plus grande marque de respect que nous puissions donner à la mémoire du feu Roi, c'est de suivre ses vûes, & de le faire revivre, autant qu'il est en nous, par notre fidélité à observer scrupuleusement les sages résolutions qu'il avoit prises.[1]

Nous avons deux Religions en France, c'est-à-dire que la France court un des plus grands dangers où elle ait jamais été exposée. Il ne faut pas s'y tromper, les hérétiques d'aujourd'hui sont plutôt un parti dans l'État qu'une secte dans l'Église. Charles-Quint, le plus puissant Prince de l'Europe, a pensé être accablé par le Luthéranisme: mauvais politique en ce point, il crut pouvoir se servir de ce parti pour diviser l'Allemagne, & pour s'en rendre le maître après l'avoir affoiblie[2] en la divisant: l'événement a été bien contraire à ses espérances, & le Luthéranisme a ébranlé la Couronne impériale sur sa tête; le Calvinisme en fera autant en France. Il ne faut dans un État Monarchique, qu'une Religion ainsi qu'un Roi: (VII.) tout ce qui produit des partis donne le signal de la rébellion; le prétexte de la vérité est un motif surnaturel dont il est trop aisé d'abuser les peuples, & la Religion mal-entendue est l'étendard[3] fatal où viennent se rallier tous les

---

[1] La renaissance des Lettres au seizieme siécle en éclairant les esprits, fit naître aussi les erreurs. Luther trouva les choses préparées par les déclamations d'Erasme contre la superstition des peuples, & contre l'ignorance & la licence des Moines. Erasme, disoit-on alors, *a pendu l'œuf, & Luther l'a fait éclorre.* Cela étoit vrai, & doit bien apprendre aux hommes qu'il y a des circonstances où la vérité ne doit parler qu'avec de grandes précautions. Les malheurs infinis qu'apporta le Luthéranisme dans l'Allemagne, ne sont que trop connus; mais si l'audace de ce novateur a de quoi surprendre, on ne doit pas être étonné des progrès de sa secte: ils étoient fondés sur les avantages temporels que Luther procuroit à tous ceux qui voulurent lien le suivre, en les mettant en possession de tous les biens de l'Eglise; semblable en cela aux Princes qui, pour peupler une nouvelle Ville, accordent de grands priviléges à ceux qui viendront l'habiter. Aussi Luther bien assuré de son nouvel évangile, n'eut-il point recours, comme plusieurs hérétiques, au masque de l'hypocrisie ni à la séduction: violent dans ses écrits, fougueux dans sa conduite, sans mesure & sans frein, il répandoit à pleines mains les erreurs & les bienfaits. Ce fut un gentilhomme Picard du Diocèse d'Amiens, nommé Louis de Berquin, qui distribua des premiers dans la France, les livres de Luther. Berquin fut brûlé vif malgré les grandes protections qu'il avoit.

[² ms: quand il l'auroit affoiblie]

[³ ms: drapeau]

séditieux. Henri votre auguste Époux en avoit senti tout le danger; Votre Majesté sait tout ce qu'il avoit fait pour le prévenir. On n'a point oublié cette fameuse Mercuriale du Parlement où il assista;[1] tout ce qui m'écoute y étoit présent, & en sait le résultat.[2] Le plus grand nombre reconnut le risque où la Religion étoit exposée; & quoique différens dans les moyens, tous furent d'avis qu'il falloit arrêter les progrès de l'hérésie. Une poignée de mutins, & sur-tout Dubourg,[3] ne put contraindre son goût pour les nouveautés: le Roi s'en fit justice; quelques-uns furent emprisonnés, & Dubourg plus hardi qu'aucun, ayant déclaré hautement que ses sentimens étoient les mêmes que ceux de Luther & de Zuingle, l'Évêque de Paris le déclara hérétique; & après l'avoir dégradé le[4] livra au bras séculier.

Mezerai.

Voilà où nous en sommes; la mort funeste du Roi a arrêté le cours de la justice, il faut qu'elle continue d'agir; & pour imposer au peuple par un appareil conforme à l'énormité du crime, il faut livrer au feu ces audacieux disciples de Calvin. Je suis donc d'avis de créer dans chaque Parlement une Chambre qui ne connoisse que du crime de l'hérésie, que l'on nommera *Chambre ardente*, pour annoncer sans équivoque les supplices dont ces Chambres punissent. Cette rigueur vous étonne!

Mezerai.

Voyez Philippe II. ce Prince sage & religieux: de quel zéle ne donne-t-il par l'exemple? A peine de retour des Pays-Bas en Espagne, ce retour vient d'y être marqué par les exécutions sanglantes & nécessaires qu'il fait des Protestans; nul respect humain ne le retient; il ne ménage personne quand il s'agit de la Religion, pas même Constance Ponce le

---

[1] Les Mercuriales étoient un établissement très-sage, que le Roi Charles VIII. & Louis XII. après lui, avoient fait pour la censure des mœurs des Magistrats, où chacun d'eux étoit dénoncé pour se justifier sur les fautes qu'on lui imputoit; une de ces Mercuriales devoit être employée à examiner les affaires de la Religion, & le Roi Henri y vint pour entendre par lui-même discuter cette importante matiére.

[2] Le Premier Président le Maistre, Christophe du Harlai, Pierre Seguier, Christophe de Thou, Antoine Fumée, René Baillet, le Président Minard, Claude Viole, Louis Faur, Paul de Foix, André Fumée, Eustache de la Porte, Arnaud Duferrier, &c.

[3 Anne Du Bourg (1521-1559), magistrat.]

[4 ms: dégradé du Sacerdoce dont il étoit revêtu, le]

Confesseur de son pere Charles-Quint, qui avoit suivi ce Prince dans sa solitude, & qui l'avoit assisté à la mort. Nous venons d'apprendre que cet homme suspect d'hérésie, ayant été jetté dans les prisons de l'Inquisition où il est mort, le Roi d'Espagne a voulu que son effigie parût dans la cérémonie destinée pour l'exécution des autres criminels.

De Thou, Mezerai.

Le Cardinal de Lorraine se rassied, & la Reine fait signe au Roi de Navarre d'opiner.

LE ROI DE NAVARRE. Sans entrer dans la question de savoir si l'on doit punir de mort ceux qui différent de sentimens sur la Religion dominante, je me réduirai à dire qu'au moins faut-il que l'Église, en les condamnant, autorise le bras séculier à les punir. Où sont aujourd'hui les hérétiques que vous condamnez? Quelle loi de l'Église s'est fait entendre contr'eux? & de quel droit le Conseil du Roi juge-t-il les consciences? Attendons qu'un Concile légitime ait prononcé, alors nous verrons le parti qu'il faudra prendre.[1]

LE P. DE CONDÉ. Je n'ajoute qu'un mot.[2] Peut-être que ceux qui se font tant d'honneur de leur zéle, rencontreront, quand il en sera tems, des hommes aussi orthodoxes qu'eux sans doute, mais dont l'amour pour la Religion n'aura point de motifs étrangers ni personnels. J'honore Rome & son Pontife, comme je le dois, mais je ne cherche point à le gagner: & si les Martels crurent qu'il étoit de leur intérêt de s'attacher au Pape Zacharie, & de s'autoriser de la faveur de ce Pape pour enlever la Couronne à l'héritier légitime, c'est qu'il n'y avoit point alors de Princes assez généreux pour défendre leurs droits contre les foudres imaginaires du Vatican.[3]

Par rapport à Philippe II. on devroit rougir de donner le nom de zéle à la poltronnerie, & aux fureurs de ce Prince

---

[1] Le Concile de Trente ne finit qu'en 1563, il avoit commencé dès 1545, mais les guerres l'avoient interrompu, & il ne fut pas assemblé sous François II. (VIII.)

[2] C'est un Prince hérétique que son ambition fait parler, dont la témérité est confondue par le Cardinal de Lorraine, par le Duc de Guise, & sur-tout par le Chancelier Olivier.

[[3] ms: Vatican (c'est un Prince heretique qui parle.)]

De Thou.
atrabilaire.[1] Mais vous ne nous dites pas, Seigneur, ce qui vient de se passer à Rome, apparemment que vous l'ignorez; apprenez donc comme on y traite les persécuteurs. Le Pape Paul VI. en mourant a comblé d'éloges Philippe II. qu'il regardoit, ainsi que vous le regardez, comme l'appui de la Religion Romaine. Qu'a fait le peuple à sa mort? (j'en reçus hier la nouvelle) indigné des cruautés de l'Inquisition que Paul IV. protégeoit, il a couru en foule aux prisons, il y a mis le feu, & en a fait sortir les prisonniers: on a bien eu de la peine à les empêcher de brûler le Couvent des Dominicains de la Minerve, où demeurent les Chefs de ce barbare Tribunal.[2] En même tems cette multitude animée court au Capitole, & y voyant une statue de marbre que le Sénat avoit élevée à ce Pontife, elle l'abat avec transport, & la noye dans le Tibre. Voilà comme on pense, & comme on agit dans un État où assurément la Religion des sujets n'est pas suspecte: mais c'est que la loi naturelle est de tous les pays, & qu'une loi ne sauroit être divine quand elle y est contraire.

LE DUC DE GUISE. La soumission aux Chefs est devenue la loi naturelle depuis que les peuples ont eu des Souverains. D'ailleurs, peut-on tirer avantage du tumulte de la populace[3] dont on a vu les excès toutes les fois que le Saint Siége a été vacant?

Mais je répons à quelque chose de plus spécieux. Le Roi de Navarre demande un Concile, sans doute parce qu'il voit, après ce qui s'est passé à Trente, la difficulté qu'il y a d'en assembler: je ne le soupçonne point d'être infecté de la nouvelle hérésie, mais il me permettra de lui dire qu'il en tient le langage. Voilà comme de tout tems ont parlé les novateurs: ils sont soumis, disent-ils, à l'Église, jusqu'au moment qu'elle ait prononcé, dans l'espérance que ce moment se reculera; & si-tôt qu'ils ont entendu son arrêt, ils se séparent d'elle. Qu'avons-nous affaire de Concile pour juger des erreurs de

---

[1] Dans le fort d'une tempête qu'il venoit d'essuyer en abordant en Galice, on prétendoit qu'il avoit fait vœu d'exterminer les hérétiques, & qu'il croyoit que ce vœu lui avoit sauvé la vie.

[[2] ms: ce tribunal impie]

[[3] ms: valetaille]

Luther? Ne sont-elles pas[1] de notoriété publique? Et en attendant ce Concile, quels progrès ne fera pas l'hérésie? Quels partis ne verrons-nous[2] pas se former dans le Royaume pour en troubler la paix? Est-on encore la dupe des prétextes de Religion? & a-t-on oublié les sanglantes catastrophes de l'Arianisme? Je suis de l'avis de Monsieur le Cardinal.

LE CHANCELIER OLIVIER. Madame, à entendre les Sectaires, il n'y a rien de si pur que leurs motifs, ni rien de si innocent que leur conduite. Que nous veut-on, disent-ils? Sommes-nous les maîtres de voir les objets autrement qu'ils ne s'offrent à nous? Doit-on gêner les consciences? La vérité se commande-t-elle? Et ce qui est de conviction dépend-il de l'autorité? Nous n'envions point aux Catholiques, ajoutent-ils, leurs Églises, ni l'appareil éclatant de leurs cérémonies: que l'on nous laisse à nous-mêmes, le Dieu que nous servons se contente de nos cœurs, & ne s'honore point de la pompe & du bruit. A ce discours ils joignent des mœurs sans reproche, & cela a toujours été ainsi. La nouveauté réveille les esprits; le[3] premier sacrifice que l'on fait d'embrasser une opinion jusques-là inconnue, a pour motif le désir du salut, & les actions s'en ressentent: tandis que les vrais Catholiques endormis dans l'habitude de la vérité, n'ont rien qui les excite, ni qui les tire de l'yvresse des passions ou de la létargie d'une vie commune.

Jusqu'ici les Hérétiques sont une espéce d'hommes qui ne méritent guéres d'être remarqués, on[4] pourroit les abandonner à leurs opinions & à leurs fantaisies: mais des hommes ambitieux & de mauvaise foi, qui ne cherchent qu'à troubler l'État, ne manquent jamais de saisir[5] un moyen aussi sûr que celui de la Religion; ils embrassent la cause des Sectaires, plus forts par le Fanatisme qu'ils leur inspirent, que par une autorité légitime, il n'y a rien qu'ils ne leur fassent

---

[1 ms: ses erreurs ne sont elles pas]

[2 ms: Et quels partis ne verrons nous]

[3 ms: esprits, le changement de Religion prouve que l'on en a, le]

[4 ms: et on]

[5 ms: a saisir]

entreprendre: de-là sont venus tous les malheurs qui ont inondé l'Univers depuis plus de douze cent ans.

Il n'est donc pas vrai qu'une Secte soit une chose indifférente dans un État: mais comment doit-on traiter les Sectaires? Car je ne répons pas à la nécessité d'assembler un Concile pour juger les Luthériens, Luther se jugeoit lui-même, & il eût été bien fâché qu'on ne l'eût pas crû séparé de l'Eglise.

Je ne pense pas que les supplices soient des moyens qu'il faille employer; les feux que l'on allume pour brûler les Hérétiques, allument en même tems l'imagination du peuple. Il y a quelque chose de grand à affronter la mort, & la multitude prend cela pour la vérité: il est un moyen bien plus fort sur le cœur des hommes, c'est le mépris. Laissez languir les Hérétiques dans une oisiveté ignorée, privés de toutes les Charges; ne leur faites point de mal, mais rendez-les inutiles à leurs citoyens; ne leur refusez jamais justice,[1] mais jamais ne leur faites de grace: ne vous appercevez pas de leur singularité, bien-tôt vous verrez tomber[2] leur orgueil, & la vanité les ramener à la société dont elle les avoit tirés.

LA REINE. Je rendrai compte au Roi des opinions; mais je crains bien, sur ce qui vient d'être dit, qu'il ne croye la sévérité d'autant plus nécessaire, que le feu Roi en a donné l'exemple, & qu'en effet sous un Régne naissant ce ne fût marquer de la foiblesse, que de s'écarter de la route qui lui a été tracée. Le Roi m'a ordonné de rendre compte au Conseil d'une réponse qu'il a reçue du Roi d'Espagne; elle est telle qu'on la devoit attendre d'un Prince aussi généreux, & il est bon qu'elle soit connue pour imposer à quiconque voudroit profiter de la jeunesse du Roi, afin d'exciter[3] quelque trouble dans son Royaume. Voici en substance le contenu de la lettre: Il mande au Roi qu'il peut compter sur son secours; qu'il a autant à cœur les intérêts du Roi son beau-frere, que les siens propres, & qu'il s'est disposé à prendre son Royaume sous sa protection; que si quelques François étoient assez téméraires

De Thou.

[1 ms: rendés leur justice]

[2 ms: bientôt tomber]

[3 ms: pour exciter]

pour refuser d'obéir à leur Prince & à ses premiers Ministres, il les accableroit de ses forces & de sa puissance; qu'enfin il se montreroit toujours le juste vengeur des injures faites à la Majesté Royale, & sauroit punir sévérement les auteurs des troubles.

LE P. DE CONDÉ. Comment, Madame, le Roi a donc imploré l'appui du Roi d'Espagne? Comment, les François en vont dépendre?

LA REINE. Pourquoi cela?

LE P. DE CONDÉ. Il ne promettroit pas sa protection si on ne la lui avoit pas demandée, & on pouvoit bien être sûr de sa réponse. Il y a long-tems que Philippe II. ne cherchoit que l'occasion[1] de se mêler des affaires de la France, ce qu'il n'auroit pû par la force de ses armes, il l'obtiendra par intrigue; il saura diviser ce qu'il n'a pû vaincre: & fasse le ciel que quelque jour ce Prince n'établisse pas une Puissance étrangere dans le Royaume!

LA REINE. Vous allez être à portée de juger vous-même de ses intentions: le Roi vous a choisi pour aller en Espagne jurer en son nom la paix conclue par le Roi son pere, & vous y serez accompagné par le Prince de la Roche-sur-Yon, qui sera chargé de porter à Philippe l'Ordre de Saint Michel: ce n'est pas un voyage bien long, ainsi vous serez bien-tôt de retour. Pour le Roi de Navarre, le Roi n'a pas cru pouvoir remettre en de meilleures mains la Princesse sa sœur, pour la conduire au Roi son mari. Princes, vous ne partirez tous qu'après le Sacre; vous savez que cette cérémonie est annoncée pour le 21. de ce mois de Septembre, de-là vous prendrez votre chemin vers l'Espagne.

De Thou, Mezerai.

De Thou, Mezerai.

SCENE III

La Reine
Les Acteurs de la Scéne précédente
Un Huissier du Cabinet

[[1] ms: ne demandoit qu'une occasion]

L'HUISSIER. Madame, la personne que vous attendez[1] est arrivée.

LA REINE *à M*^{rs}*. de Guise*. Faites entrer par mon cabinet. Messieurs, vous savez que le Roi vous attend.

Tout le monde sort.

SCENE IV

La Reine
Luc Gauric

LA REINE *fondant en larmes.*[2] C'est vous, mon cher Gauric!

GAURIC *à part*. Triste voyage! Malheureux Pays! Déplorable Race!

De Thou.
    LA REINE. Vous n'étiez que trop bien instruit. Voilà donc ce combat singulier que vous m'aviez prédit, & dont la prédiction sembloit si absurde à tout le monde? Hélas! Je ne croyois pas notre infortune si prochaine, lorsque je vous ai pressé de quitter l'Italie pour pouvoir vous entretenir; & vous jugez aisément combien vous me devenez aujourd'hui nécessaire par la confiance que mes malheurs me donnent dans vos lumieres.

GAURIC. Je ne croyois non plus, lorsque je suis parti d'Italie, devoir être le témoin de ce cruel événement: mais quand j'ai été arrivé à Lyon, j'aurois bien voulu ne pas aller[3] plus loin.

LA REINE. Vous avez donc vû alors?...

GAURIC. Ah! Madame, puissai-je n'avoir rien vû!

LA REINE. Enfin, mon cher Gauric, je vous posséde; votre amitié pour moi vous a fait surmonter à votre âge les fatigues d'un

---

[1 ms: attendiés]

[2 ms: elle fond en larmes]

[3 ms: avancer]

voyage pénible, & vous vous êtes souvenu combien vous m'étiez cher avant que j'eusse quitté Florence.

GAURIC. Oui, Madame, & je vis alors avec transport les prémices de votre Grandeur future.

LA REINE. Je n'ai pû vous entretenir plutôt,[1] & vous voulez bien le pardonner aux soins dont j'ai été accablée depuis la mort du Roi; mais je sais que vous avez vû mes enfans, & que vous les avez examinés chacun en particulier, ainsi que je vous en avois prié. Avant de parler de ce qui les regarde, il faut commencer par vous[2] exposer quelle est ma situation.

GAURIC. Madame de Montpensier m'en a entretenu par votre ordre.

LA REINE. Vous voyez quel est l'état de la Cour: Un enfant majeur sans volonté, une Régente[3] sans titre, des Princes du Sang réclamant leurs droits sous le prétexte du bien de l'Etat, & n'en voulant qu'à l'autorité, Messieurs de Guise attachés au Roi plus qu'à moi, ou plutôt n'agissant que pour eux-mêmes, & peut-être ne bornant pas leur ambition à l'empire absolu que je leur ai abandonné…

GAURIC. Je sais tout cela.

LA REINE. Quel parti prendre au milieu de tant de prétendans? Et quelle route dois-je suivre à travers tant d'écueils?

GAURIC. Mais votre parti est déja pris, & vous vous êtes livrée à Messieurs de Guise.

LA REINE. Cela est vrai. Que pouvois-je faire? & qu'eût fait un autre à ma place?

GAURIC. Je l'ignore.[4]

[1 ms: entretenir depuis que vous êtes arrivé]

[2 ms: aller au plus pressé, & vous]

[3 ms: Régence]

[4 ms: Cette réplique est absente du manuscrit.]

LA REINE. Mais, Gauric, qui peut mieux que vous me conduire dans de pareilles circonstances? Et quel guide[1] plus sûr puis-je avoir pour me démêler du labirinthe où je suis.

GAURIC. Moi, madame?

LA REINE. Sans doute; vos lumieres, vos connoissances, votre art…

GAURIC. Ah! Madame, mon art a ses limites, & mes connoissances sont bien bornées. Croyez-vous que Dieu m'ait abandonné l'avenir pour y lire sans réserve tout ce qui s'y prépare? Sa Providence a permis que j'y visse de certains faits plus marqués, encore ne me les laisse-t-il entrevoir qu'à travers des nuages qui en rendent la connoissance presque inutile, & qui ne font que jetter du trouble sur le présent, sans donner les moyens de se garantir des événemens prévûs. Nous sommes assujettis à une destinée[2] inévitable; nos pas sont tracés de toute éternité, & nous ne faisons qu'accomplir volontairement des événemens qui ne dépendent pas de nous. Cent imposteurs qui affectent de paroître instruits dans cette science, font un trafic honteux de la crédulité des mortels, & prononcent également sur tout, parce qu'ils ignorent tout également. Moi, Madame, qui, en exerçant cet art, gémis tous les jours devant Dieu du don fatal qu'il m'a fait, don inutile & souvent pernicieux,[3] qui a troublé ma vie & qui la mêle sans cesse d'amertume; parce qu'il y a bien plus de maux que de bonheur à prévoir; je vous dois avertir que mes découvertes ne vous peuvent jamais servir à rien,[4] & que la Providence se joue également des hommes, soit en les laissant dans l'ignorance de leur sort, soit en leur en laissant entrevoir quelques circonstances.

[1 ms: aide]

[2] Il faut considérer que celui qui parle est infatué par l'astrologie judiciaire.

[« Comme le public confond quelquefois l'Astronomie avec l'Astrologie, on les distingue en donnant à l'Astrologie l'épithéte de Judiciaire »; *Dictionnaire de l'Académie Française*, I, 116.]

[3 ms: inutile & pernicieux]

[4 ms: de rien]

Votre Majesté me fait l'honneur de me consulter sur le parti qu'elle doit prendre aujourd'hui: il faudroit pour cela pouvoir calculer l'infini, & un être mortel n'a pas ce privilége. Quant aux faits[1] particuliers, sur-tout ceux qui regardent les points les plus essentiels de la vie des hommes, comme je les crois soumis aux mouvements célestes, & que je pense que les diverses conjonctions des astres y peuvent influer, sans quoi ces flambeaux immortels seroient inutiles dans le firmament, quelquefois j'entreprens de les prévoir, & Dieu a souvent permis que j'y aye réussi.

LA REINE. Mais cette conjuration contre le Duc de Parme où ce Prince perdit la vie, vous l'aviez prévûe jusqu'aux moindres circonstances; & c'est là un événement général.

GAURIC. Oui, le Pape Paul III son pere, qui m'aimoit beaucoup, exigea de notre amitié que je fisse l'horoscope de ce Prince; je luis obéis, & je lui dis que je voyois une conspiration se former contre son fils: il voulut savoir les noms des conjurés, je luis fis réponse qu'il les trouveroit dans les lettres écrites sur sa monnoie.[2]

LA REINE. Eh, que peut-on de plus?

GAURIC. Eh, de quoi cela l'avançoit-il? Je prédisais en aveugle des choses vraies, les noms des conjurés se trouverent en effet

---

[[1] ms: mortel n'est pas fait pour cela. pour les faits]

[2] Ces lettres étoient *Plac*, qui veulent dire *Placenza*: & ces quatre lettres *Plac* sont en effet les premieres lettres de chacun des noms des conjurés, savoir, *Pallavicini, Lando, Anquisciola* & *Confalonieri*. Le devin qui fit cette prédiction n'est pas nommé dans l'Histoire, & j'ai cru pouvoir la mettre sur le compte de Gauric, qui en effet étoit l'ami de Paul III. pere de Pierre-Louis Farnese Duc de Parme, qui fut assassiné, le plus méchant & le plus abominable homme de son tems. Voici comme parle M. de Thou de Luc Gauric: « Le Pape manda au Duc de Parme son fils qu'il prît garde au dixiéme de Septembre, jour auquel les astres le menaçoient d'un grand péril, car Paul III. étoit fort entêté de l'astrologie judiciaire; il fit la fortune de Lucas Gauric natif de Gifoni dans la Marche d'Ancosne, le plus habile astrologue de son tems, & le retint toute sa vie auprès de lui; il l'honoroit d'une amitié particuliere, & le faisoit manger souvent à sa table; enfin il le fit Evêque de Civita Castellana. »

[Voir Thou, *Histoire universelle*, I, 289.]

sur cette monnoie quand ce Prince eut été assassiné, mais en les désignant, je ne les démêlois pas plus que lui.[1]

LA REINE. Mais vous aviez prévû la conjuration?

GAURIC. Sans doute.

LA REINE. Mais vous avez prévû le genre de mort du feu roi?

GAURIC. Hélas! oui.

LA REINE. Puisque vous ne croyez donc pouvoir m'instruire sur la conduite que je dois tenir aujourd'hui, venons à mes enfans, c'est bien-là l'objet le plus intéressant pour moi. Jamais Princesse ne s'est vû une famille plus nombreuse; le Ciel a béni notre mariage, j'ai quatre fils & trois filles, & ce que vous pourrez me découvrir de leur destinée me servira,[2] quoi que vous en puissiez dire, à me déterminer aux partis que j'ai à prendre à l'avenir.

GAURIC. Hélas! Que voulez-vous que je vous dise?

LA REINE. Le Roi mon fils.

GAURIC. Il ne faut qu'une connoissance ordinaire de la médicine, pour savoir qu'il est difficile qu'il aille bien loin.[3]

LA REINE. Mais n'avez-vous rien vû de plus?

GAURIC *hésitant*.[4] Si fait.

LA REINE. Quoi encore?

GAURIC. Que lui dirai-je?

LA REINE. Gauric, vous hésitez à me parler.

[1 ms: mais je ne les demeslois pas plus que lui en les designant.]

[2 ms: doit me servir]

[3 ms: il ne faut que la simple connoissance des medecins pour savoir qu'il est difficile qu'il aille loin.]

[4 ms: en hesitant]

GAURIC *frémissant*.¹ Madame.

LA REINE. Parlez.

*Il faut imaginer que la Piéce est représentée, & que l'Acteur entre ici dans une espéce d'entousiasme prophétique.*²

GAURIC. Hé bien, vous avez quatre fils, & tous quatre seront Souverains.³

[¹ ms: en frémissant]

[² « C'est une invention très-heureuse, un trait de génie, un coup de maître, que d'y avoir profité de l'opinion où l'on étoit de la prétendue science de cet homme pour prévenir des faits curieux & intéressans, pour peindre quelques-unes des catastrophes arrivées sous *Charles IX* & *Henri III*, tels que la *Saint Barthélémi* & l'assassinat du dernier des *Valois*, qui n'auroient pû trouver place dans l'histoire de leur ainé, pour rapprocher & lier, en quelque sorte, ces trois regnes malheureux, & pour en former un tableau d'horreur & d'infortune. Ces événemens funestes sont annoncés par *Gauric* d'une manière forte, éloquente & poëtique. C'est le véritable ton de la Tragédie, & je suis persuadé que ce que vous allez lire produiroit un grand effet au Théâtre » (*L'Année littéraire*, 18 novembre 1757, VII, 249-50.]

³ En effet François II. Charles IX. & Henri III. furent tous Rois de France, & le dernier des enfans de Henri II. nommé Duc d'Alençon, fut couronné Duc de Brabant & Comte de Flandres. « Il paroissoit dès l'âge de neuf ans, dans la maniere d'agir de ce dernier, certains commencemens de mélancolie & de fureur qui en faisoient craindre les suites. La Princesse Marguerite qui avoit deux ans de plus que ce Prince, régnoit si absolument sur son esprit, qu'un de ses regards ou une de ses paroles le rendoit capable de tout ce qu'on désiroit de lui... Il y avoit une antipathie marquée entre le Duc d'Anjou & le Duc d'Alençon. Celui-ci voyant que le Roi leur frere accordoit tout au Duc d'Anjou, par les sollicitations de leur mere, jusqu'à l'avoir rendu triomphant à l'âge de 18. ans, ne conçut gueres moins de haine pour le Roi que pour le Duc d'Anjou... Cette haine éclata après la Saint Barthelemi... Les Huguenots crurent avoir trouvé en lui de quoi arrêter les prospérités du Duc d'Anjou. » (*Mémoires de Nevers.*) (IX.)

[La citation est inexacte: « Le Duc d'Alençon n'avoit que neuf ans quand cette lettre fut écrite; il paroissoit neantmoins dans la maniere d'agir de ce Prince, certains commencemens de melancolie & de fureur, qui en faioient craindre les suittes. Il est vray que la conversation des Dames retenoit des mouvemens si fâcheux, & sur tout la Princesse Marguerite qui avoit deux ans de plus que ce Prince, regnoit si absolument sur son esprit, qu'un seul de ses regards ou une de ses paroles le rendoit capable de tout ce qu'on desiroit de luy. [...] La Princesse demeura auprés de la Reyne sa Mere, & le Duc d'Alençon avec le Duc d'Anjou son frere. Ce n'est pas qu'ils n'eussent leurs Gouverneurs & leurs domestiques separez; mais la Reyne Mere vouloit qu'ils fussent toûjours ensemble & n'eussent qu'une mesme maison, pour essayer, s'il estoit possible, de vaincre l'antipatie

LA REINE. Ils mourront donc bien jeunes? Quoi, mes enfans se succéderont l'un à l'autre?

GAURIC. C'est ce que je ne puis vous dire. Mais jamais destinées ne furent accompagnées de tant d'ombres ni de tant d'éclat; jamais tant de gloire ne fut jointe à tant d'infortune, le Ciel semble avoir assemblé sur eux toutes les influences contraires: ce ne sont point des astres, ce sont autant de cométes qui ont présidé à leur sort. Il y en a qui régneront plus d'une fois;[1] ils sont Rois, & à peine leur vois-je des sujets. L'obscurité, ou plutôt la contrariété de ces tems funestes m'a fait recourir plus d'une fois aux causes qui pouvoient produire de si étranges effets, je n'ai reçu pour réponses que des orages & des tonnerres: tantôt le Ciel m'a paru un vaste désert, tantôt je l'ai vu rempli de toutes les puissances de l'air armées les unes contre les autres... J'ai vû un de vos fils fuir des Couronnes pour en aller chercher d'autres;[2] se sauver des mains d'un peuple fidéle, pour se venir livrer à des séditieux: un rêve n'est pas plus confus ni plus contradictoire que leur destinée, & les

---

qu'ils avoient l'un pour l'autre. Mais ce remede empira le mal; & leur aversion s'accrut jusqu'à cet excés, qu'avant mesme qu'elle eust esté irritée par les grandes passions; ils se piquotoient aux moindres occasions, & donnoient bien de l'exercice à ceux qui en avoient le Gouvernement. Lors que le temps & les flatteurs eurent achevé de perdre l'esprit du Duc d'Alençon, & que son temperament l'eust porté aux dernieres violences, il se resolut de perir ou de commander aussi bien que le Duc d'Anjou, & d'emporter par son assiduité aupres du Roy son frere, ce que le Duc d'Anjou n'obtenoit que par les sollicitations de Catherine de Medicis. Mais apres avoir tenté pour cela, tout ce que ses Conseillers luy proposoient, & voyant que Charles IX. n'avoit nul égard à ses demonstrations de service & d'amitié; il se laissa vaincre à son naturel inquiet & furieux; & ne conçeut gueres moins de haine pour le Roy qu'il en avoit pour le Duc d'Anjou. Ces mauvaises dispositions demeurerent neantmoins cachées jusqu'au temps de la sainct Barthelemy. » Voir *Mémoires de Nevers*, I, 70.]

Henri IV. n'étant encore que Roi de Navarre, faisoit bien peu de cas de ce Prince. « Il me trompera, disoit-il, s'il remplit jamais l'attente que l'on conçoit de lui; il a si peu de courage, le cœur si double & si malin, le corps si mal bâti, si peu de grace dans son maintien, tant d'inhabilité à toutes sortes d'excercices, que je ne saurois me persuader qu'il fasse rien de grand. (X.)

[Citation non retrouvée.]

[1] Henri III. d'abord Roi de Pologne, puis Roi de France.

[2] C'est toujours Henri III. qui se sauva de Pologne pour venir hériter de la Couronne de France.

constellations célestes n'ont jamais été entr'elles dans une semblable position... Que fais-tu, malheureux Prince?[1] Ah! Du moins quand on est assassin,[2] il faut être méfiant. Quel monstre bisarrement vêtu vois-je à tes pieds sous le masque de l'hypocrisie? ... C'en est fait, il frappe, & tu n'es plus.

LA REINE. Ah! Dieu que vous a fait la France? Que vous ai-je fait? De quoi sont coupables mes malheureux enfans? Achevez, Gauric, achevez de me percer le cœur; leurs sœurs sont-elles réservées à de pareilles fortunes?

GAURIC. Le sort d'Elisabeth votre aînée m'est dévoilé plus clairement que celui de tous les autres;[3] elle périra de mort violente, après avoir été la cause innocente de la mort d'un fils dont elle ne sera pas la mere. Pour Claude, votre seconde fille, heureusement pour elle, sa vie n'offre aucun événement marqué.[4]

LA REINE. Et ma chere Marguerite?

GAURIC. Marguerite... Oh, étrange spectacle!... (XI.) Arrête, Princesse infortunée! Quel est le lit nuptial où tu vas monter? Les Furies éclairent cette fête avec des serpens enflammés! Des ruisseaux de sang environnent la Couche Royale! Nuit horrible où la mort veille au lieu de l'hymen!... Marguerite![5] réveille-toi, sauve du moins ton généreux époux. Hélas! il cessera bien-tôt de l'être sans cesser de vivre; & je te vois sur la tête d'une Couronne que tu partages avec une autre! Cependant, Madame, rassurez-vous pour elle; par un effet singulier de la bisarrerie de ces tems malheureux, je vois cette même Marguerite, au milieu de tant d'horreurs, accompagnée de plaisirs: chose incroyable! Aucun de ces événemens ne

---

[1] Henri III. qui fut assassiné à S. Cloud par Jacques Clément, Jacobin, le premier jour d'Août.

[2] Henri Duc de Guise fut assassiné à Blois le vingt-trois Décembre 1588. par l'ordre de Henri III. qui y fut forcé par les circonstances du tems.

[3] Elisabeth mariée à Philippe II. morte, à ce que plusieurs ont dit, de poison en 1568. elle étoit belle-mere de Dom Carlos, mort aussi de mort violente.

[4] Claude mariée à Charles II. Duc de Lorraine, morte en 1575.

[[5] ms: l'hymen!... réveille-toi]

semble la regarder; l'ambition trop occupée ailleurs ne songe point à elle, & laisse son cœur en repos: tandis[1] que tout gémit, la seule Marguerite est tranquille, & coule la vie dans les fêtes & dans les jeux.[2]

Vous l'avez voulu, Madame, j'ai parlé; mon ame est accablée de tant d'horreurs! Ce n'est pas la Famille Royale seulement qui est menacée, aucun de tant de grands hommes qui l'environnent ne mourra de sa mort naturelle;[3] il semble que le monde soit à son dernier jour. Je vous quitte, Princesse aussi illustre qu'infortunée, le Ciel me rappelle aux lieux de ma naissance; il me réserve[4] encore peu de jours,[5] & je ne vivrai plus lors de l'accomplissement de tant de malheurs.

LA REINE. Vous me laissez?

GAURIC. Ni vous ni moi n'y pouvons rien; & le Ciel vous punit de votre curiosité, en vous faisant souffrir d'avance tous les maux dont il a semé le cours de votre vie: puissiez-vous n'être pas la cause de tant d'horreurs![6]

LA REINE. Ô Dieux!

Fin du second Acte.[7]

[[1] ms: et tandis]

[2] Tout le monde sait que Marguerite épousa le Roi de Navarre (Henri IV.) que les nôces furent suivies de l'exécution de la Saint Barthélemi, où Henri, pour sauver sa vie, fut obligé d'abjurer sa Religion; que le Mariage de Marguerite avec le Roi fut déclaré nul en 1599. que Henri épousa Marie de Médicis en 1600. & que Marguerite, sans se soucier de tout cela, passa toute sa vie dans le plaisir. (XII.)

[3] Le Roi de Navarre mourut de la blessure qu'il avoit reçue au siege de Rouen en 1562. Louis I. Prince de Condé fut tué de sang froid par Montesquiou après la Bataille de Jarnac en 1569. François Duc de Guise fut tué au siége d'Orléans par Poltrot en 1563. Le Connétable de Montmorenci fut tué à la Bataille de Saint Denis par Jacques Stuard en 1567. L'Amiral de Coligni fut massacré trois jours avant la Saint Barthelemi en 1572. Et le Maréchal de Saint André fut tué par Bobigni à la Bataille de Dreux en 1562. (XIII.)

[[4] ms: destine]

[5] Il mourut en 1559.

[6] On sait que l'ambition de Catherine de Medicis fut une des principales causes des malheurs des Régnes de Charles IX. & de Henri III.

[[7] ms: didascalie absente du manuscrit]

ACTE III[1]

SCENE PREMIERE

La Scéne est à Blois.

La Duchesse de Montpensier
La Roche Du Maine[2] qui causent ensemble
La Reine qui survient

LA REINE *à la D. de Montpensier.* Le Roi est mieux: c'est un grand remede que l'air natal, celui de[3] Blois lui est excellent, & nous n'avons jamais si bien fait que de l'amener ici.

LA D. DE MONTPENSIER. Fasse le ciel[4] que cela continue!

LA REINE. Que disoit La Roche du Maine?

LA D. DE MONTPENSIER. Il n'est pas plus raisonnable qu'à l'ordinaire, & l'âge ne le rend pas plus sage.

LA ROCHE DU MAINE. Je disois que Votre Majesté avoit vû Gauric.

---

[1] « Tout cet Acte, le plus beau de la pièce à mon avis, est rempli de grands tableaux véritablement tragiques » (*L'Année littéraire*, 1757, VII, 258-59).

[2] La Roche du Maine étoit un homme de la Cour, de beaucoup d'esprit, fort à la mode auprès de toutes les femmes, qui étoit en possession de tout dire. « Il avoit en lui une liberté de parler qui démontroit la générosité de son courage. Il s'étoit trouvé à sept siéges de Villes, & avoit été fait prisonnier à la Journée de Pavie & à la Bataille de Saint Quentin. Son fils fut tué à cette derniere âgé de 22 ans. Il mourut à Chitré près de Chastelleraud le 2. Juin 1576. âgé de 85. ans, deux mois » (*Le Clerc*).

[Citation non retrouvée]

On voit bien que l'intention de cette Scène est de rappeller des faits passés sous le Régne précédent, comme la Scéne de Gauric a servi à faire connoître les événemens qui n'arriverent que sous les Régnes suivans.

[3 ms: il n'est rien tel que le pays natal, l'air de]

[4 ms: Dieu veuille]

LA REINE. Comment pouvez-vous savoir cela?

LA ROCHE DU MAINE. Parce que j'ai un génie qui me dit tout.

LA REINE. Le connoissez-vous?

LA ROCHE DU MAINE. Oui, Madame, je fus, comme tout le monde, curieux de le voir lorsque j'étois en Italie; c'est un fort honnête homme.

LA REINE. Oh! Pour cela oui.

LA ROCHE DU MAINE. Et le plus grand fou que je connoisse, qui n'a jamais menti, & qui n'a jamais dit un mot de vérité.

LA REINE. Comment cela se peut-il?

LA ROCHE DU MAINE. Parce qu'il est fou, qu'il voit tout ce qu'il veut & ce qu'il ne veut pas, & que son imagination se proméne toujours hors de ce monde-ci.

LA REINE. Cela est bien-tôt dit: mais les prédictions qu'il a faites.

LA ROCHE DU MAINE. Il faut bien, sur la quantité, qu'il en réussisse quelqu'une: & moi, si je voulois m'en mêler, je serois sorcier comme[1] un autre.

LA D. DE MONTPENSIER *se mocquant*.[2] Je crois qu'oui.

LA ROCHE DU MAINE. Eh! Mon Dieu, Madame la Duchesse, ne me défiez pas tant; je sais bien qu'il ne faut pas aller au devin pour savoir que vous êtes la femme de la Cour qui a le plus d'esprit, & qui est le plus faite pour plaire quand vous le voulez: mais si après cela j'entrois dans un plus grand détail,[3] & si je disois que vous le voulez quelquefois… Ce ne seroit pas au moins à Monsieur de Montpensier que je le dirois.

LA D. DE MONTPENSIER. Madame, c'est un extravagant, ne l'écoutez pas.

[1 ms: tout comme]

[2 ms: en se moquant]

[3 ms: particulier]

LA ROCHE DU MAINE. Bon, est-ce que je n'ai pas deviné la levée du Siége de Metz?[1]

LA D. DE MONTPENSIER. Oui, quand il a été levé.

LA ROCHE DU MAINE. Non, non, le premier jour.

LA REINE. Et comment cela?

LA ROCHE DU MAINE. Parce que Charles-Quint, quand il vint former le Siége étoit vieux & cassé, & avoit à peine[2] la force de cacheter une lettre; que ce fut un coup de désespoir pour faire oublier sa suite d'Inspruc; qu'au lieu de monter à cheval, & de mener ses gens aux assauts, il ne sortoit pas de sa tente & de son lit; que la saison étoit diabolique; que le feu Roi avoit renfermé dans Metz l'élite de toute la Noblesse du Royaume; & que le Connétable qui s'étoit campé proche de l'Empereur, lui enlevoit les vivres, & empêchoit son armée d'aller au fourage. Je ne cache rien à Votre Majesté de toute ma magie, & j'ai la bonne foi de convenir qu'il m'étoit tout aussi aisé de deviner la levée du siege de Metz, qu'au Duc de Guise de le défendre. De Thou, Varillas.

LA REINE. Duchesse, la Roche du Maine n'est pas bon.

LA ROCHE DU MAINE. Eh! Mais, Madame, est-ce que je n'ai pas deviné que le Duc de Guise prendroit Calais?[3]

LA REINE. Vous verrez que ce n'étoit pas difficile.

LA ROCHE DU MAINE. Pas trop. Quand Senarpont sur les mémoires de l'Amiral avoit déja fait résoudre qu'on l'attaqueroit avant que le Duc de Guise arrivât d'Italie, que Strozzi eût reconnu l'attaque, & que le Duc de Guise n'eût plus, en arrivant, qu'à exécuter ce qu'ils avoient préparé. Il est vrai que le Duc de Guise donna cette entreprise comme De Thou, Varillas.

[1 En novembre et décembre 1552.]

[2 ms: et n'avoit seulement pas]

[3 En janvier 1558.]

incertaine,[1] pour empêcher le feu Roi d'y venir, & pour en avoir seul tout l'honneur.

LA D. DE MONTPENSIER. Madame, si on le laissoit faire, il diroit qu'Alexandre étoit un poltron, & que César n'avoit point d'esprit.

LA ROCHE DU MAINE. Non, avec votre permission, je ne dirois pas cela; mais je dirois que si Alexandre n'étoit pas mort d'une pleurésie, il seroit mort de mort violente, & que César n'eut que ce qu'il méritoit d'avoir voulu asservir sa patrie, & s'emparer de la suprême autorité; parce que c'est assez là comme finissent les hommes avantageux qui veulent dominer les autres.

LA REINE. Eh! mon pauvre la Roche du Maine, qui est-ce qui ne le veut pas?

LA ROCHE DU MAINE. Ce n'est pas au moins le Cardinal de Lorraine que je vois.

Il sort.[2]

SCENE II

La Reine
Le Cardinal de Lorraine

LE CARDINAL. Madame, j'épargne[3] à Votre Majesté, autant que je le puis, les nouvelles qui pourroient l'inquiéter, mais…

LA REINE. Qu'est-ce qu'il y a donc de nouveau?

LE CARDINAL. Depuis plus de trois mois j'ai reçu des lettres d'Allemagne, où l'on me marque qu'il court des bruits de révolte dans le Royaume; je n'y ai pas fait grande attention. J'ai eu depuis de pareilles lettres, mais ces gens-là voyent des

De Thou,
Mezerai.

[1 ms: tres incertaine]

[2 ms: didascalie absente du manuscrit.]

[3 ms: j'évite]

hérétiques par tout, & les croyent toujours prêts à remuer: enfin je viens en dernier lieu d'en recevoir[1] d'Espagne, où, sans pouvoir me faire aucun détail, on m'avertit de me tenir sur mes gardes, & par lesquelles l'on m'assure qu'il se prépare une grande révolution.

LA REINE. Comment cela peut-il? Il faudroit que ces gens-là fussent fous. Quoi, dans un tems où le Royaume est plus tranquille qu'il ne l'a jamais été, où les Gouverneurs & les Magistrats exercent une pleine autorité, où le Peuple & la Noblesse ont oublié jusqu'au nom de trouble & de révolte,[2] où l'autorité du Roi est plus affermie que jamais? Comptez que ce sont là de mauvaises nouvelles... Car[3] vous n'avez rien appris par les Provinces?

LE CARDINAL. Non, Madame; le Cardinal d'Armagnac qui veille sur la Provence & sur le Languedoc, ne me mande rien, non plus que la Motte-Gondrin[4] à qui Votre Majesté a confié la Lieutenance du Gouvernement du Dauphiné, cette pépiniere des Calvinistes.[5]

Varillas.

SCENE III

La Reine
Le Cardinal de Lorraine
Le Duc de Guise

LE DUC DE GUISE. Madame, ceci devient plus sérieux; l'on m'amene de Paris un homme qui a, dit-on, les plus grands secrets à nous révéler:[6] c'est un Avocat du Parlement, nommé Avenel, qui ne demande aucune récompense, & qui, quoique

---

[1 ms: enfin en dernier lieu, j'en viens de recevoir]

[2 ms: noblesse sont désaccoutumés des troubles & des revoltes]

[3 ms: nouvelles, et ne prenons pas une terreur panique; car]

[4 ms: m'en mande rien, & la Motte gonrin]

[5 ms: qui est la pepiniere des Calvinistes, ne m'en ecrit rien non plus.]

[6 ms: confier]

Protestant, a eu tant d'horreur de la conspiration qu'on lui a confiée, qu'il s'est cru obligé en conscience de la révéler. On m'ajoute qu'il n'y a pas un instant[1] à perdre, si l'on veut sauver votre Personne & celle du Roi.

LA REINE. Duc de Guise!

LE DUC DE GUISE. Madame, voilà la lettre.

LA REINE. Quel parti prendre?

De Thou,
Mezerai,
Daniel.LE CARDINAL. Je n'en vois point d'autre que de sortir de Blois dans le moment. Il ne peut jamais y avoir de projet formé sans qu'il y ait un lieu de ralliement, & ce doit être autour des murs de cette Ville. En changeant de lieu, on déconcertera leur marche, & on se donnera le tems d'agir. Amboise me paroît le lieu le plus convenable où la Cour puisse se retirer; c'est une petite Ville fort serrée que peu de troupes peuvent défendre, & qui a d'ailleurs un bon château & bien fortifié.

LE DUC DE GUISE. Ces gens-là n'agissent pas sans chefs, & nous devons tout craindre de Messieurs de Coligni: ainsi je pense que Votre Majesté doit écrire dans le moment à M. le Prince de Condé, au Cardinal de Châtillon,[2] à l'Amiral, & à Dandelot, qu'ils se rendent sur le champ auprès d'Elle pour une affaire importante qui regarde la personne du Roi & la sûreté de l'État. S'ils se rendent à vos ordres, vous les aurez sous vos yeux, & on observera leur conduite; s'ils refusent d'obéir, ils s'avoueront coupables, & nous saurons contre qui nous devons agir: d'ailleurs, je vais changer la garde du Roi, & faire avancer des troupes.

[1 ms: moment]

[2] Odet de Châtillon, Cardinal, qui s'étoit fait huguenot, & que le Pape avoit dégradé, n'en tint compte, & parut à l'Assemblée de Rouen en 1562. en habit de Cardinal, ainsi qu'à son mariage; il étoit l'aîné de l'Amiral, & Dandelot étoit leur cadet: ce dernier, Colonel de l'Infanterie Françoise, fut le premier infecté des erreurs de Calvin, qu'il communiqua à ses freres. Le Cardinal depuis son mariage avec Elisabeth d'Hauteville qu'il avoit long-tems entretenue, se fit appeler Comte de Beauvais, sur le prétexte qu'il en avoit été Evêque, & mourut en Angleterre en 1571. Le Pape lui avoit retiré le Chapeau en 1562. Ils étoient neveux du Connétable de Montmorenci, parce qu'une sœur du Connétable avoit épousé leur pere. (*De Thou, Mezerai*.)

LA REINE. Ordonnez tout pour le départ, & donnez l'ordre pour demain matin.

LE CARDINAL. Votre Majesté aura la bonté de voir le Roi, & elle lui dira de tout cela ce qu'elle jugera à propos.

SCENE IV

La Scéne est à Amboise dans le cabinet du Cardinal de Lorraine.

Le Cardinal de Lorraine
Avenel, Avocat

LE CARDINAL. Avenel, tout ce que vous m'apprenez est incroyable.[1]

AVENEL. Monseigneur, il n'y a pas un fait d'exagéré, & il falloit que l'extrêmité fût bien grande pour que je prisse la résolution de parler: c'est avec regret que j'accuse mes freres. Il sembleroit qu'à la façon dont on traite ceux de notre Religion, un Réformé ne seroit pas fait pour veiller au salut des Catholiques; mais j'ai cru voir que la Religion n'étoit que le prétexte de la conjuration, que nos chefs servoient moins la réforme que leur ambition, & que nous autres peuples séduits par leurs discours, nous pensons[2] nous armer pour conserver la liberté de conscience, tandis qu'en effet on ne nous employe que pour se rendre les maîtres de l'État. En un mot, Monseigneur, c'est à vous, & à Monsieur votre frere que l'on en veut: je respecte en vous le choix du Roi, ainsi j'ai cru devoir vous informer du coup qui étoit prêt à vous accabler.

<small>De Thou, Mezerai, Varillas, Daniel, Le Genre, &c.</small>

<small>Brulart.</small>

LE CARDINAL. Je reconnois les Colignis.[3]

AVENEL. Non, Monseigneur, ce ne sont point les Colignis; l'Amiral est le plus honnête homme du monde, aussi fidele au Roi qu'à sa Religion; on craint trop sa probité pour l'admettre

---

[1 ms: Avenel, je suis confondu de tout ce que vous m'apprenés.]

[2 ms: croyons]

[3 ms: je reconnois a tout cela les Coligny.]

à un pareil secret; & vos soupçons sur son compte sont injustes & mal fondés.

LE CARDINAL. Et c'est la Renaudie qui est le chef déclaré de cette entreprise, tandis que le Prince de Condé n'attend que l'événement pour se montrer?

AVENEL. Oui, c'est la Renaudie, Gentilhomme d'une ancienne famille du Périgord.

LE CARDINAL. Oh! Je le connois bien. Le même homme qui s'arme aujourd'hui contre Monsieur de Guise & moi, doit la liberté à mon frere qui le fit sauver des prisons de Dijon.[1] Et le jour de l'exécution est marqué, dites-vous?

<small>Brantosme.</small>

AVENEL. Au quinze de ce mois de Mars. Peut-être que le parti que vous avez pris de quitter Blois subitement pour venir à Amboise, y apportera quelque retardement: mais croyez que jamais conjuration ne fut si générale ni si secrette. Toutes les Provinces n'attendent que le signal, & ont chacune leur chef qui doit conduire le secours qu'elles fournissent: la Gascogne est aux ordres de Chalosses; le Béarn, du Capitaine Mazéres; Limoges & le Périgord, de Dumesnil; le Poitou, le Pays d'Aunis & l'Angoumois, de Maillé de Brézé; l'Anjou & le Maine, de La Chenelayes; la Provence, de Chateauvieux…

<small>De Thou, La Place, Mezerai, Varillas, Daniel.</small>

LE CARDINAL. Qu'entens-je?

AVENEL. J'en omets bien d'autres; & ce que je vois le plus à craindre pour vous, c'est le sang froid des conjurés; ils ne mettent ni chaleur, ni emportement dans leurs démarches: ce n'est point une armée nombreuse de rébelles qui s'avance avec éclat & avec fureur, ce sont des troupes d'élite, & en très-petit nombre, que l'on fait filer ici, où l'on sait que vous êtes sans défense, & qui, au moment de l'exécution, seront suivies d'un million d'autres.

LE CARDINAL. Allons chez la Reine, il faut qu'elle apprenne par vous-même jusqu'au moindre détail de cette importante affaire.

---

[1] Il avoit été mis en prison pour des faussetés qu'il avoit faites dans un Procès qu'il avoit contre le Greffier du Tillet.

Ils sortent.[1]

SCENE V

La scène est dans le château d'Amboise, dans la chambre du Prince de Condé.

Le Prince de Condé
L'Amiral de Coligni

LE P. DE CONDÉ. Mais, Monsieur l'Amiral, je ne vous comprens pas. Vous, le plus ferme appui de la réforme en France; vous, le sujet le plus fidele qu'ait le Roi; vous, dont le courage ne connoît point les dangers, sur-tout ceux où le devoir vous engage, vous demeurez tranquille dans le moment où l'État est sur le penchant de sa ruine, & où la Religion va être détruite! Que faut-il de plus que ce qu'entreprennent les Guises contre l'un & contre l'autre? Ils font passer le Roi à Bar à son retour du Sacre, pour le faire renoncer à la Souveraineté du Barois en faveur du Duc de Lorraine l'aîné de leur Maison. Dubourg, le modéle des Magistrats, cet oracle du Parlement de Paris, vient d'être brûlé en Place de Grève comme le dernier des scélérats, parce qu'il n'a pas voulu trahir sa conscience: de malheureux Officiers viennent demander pour prix de leur sang, non pas des récompenses, mais le payement de leur solde, & pour réponse le Cardinal de Lorraine fait élever il y a quinze jours un échaffaut dans le milieu de Fontainebleau, pour y pendre le premier qui osera se présenter devant le Roi. De Thou, Mezerai.
De Thou, Mezerai.
De Thou, Mezerai.

L'AMIRAL. Seigneur, je connois[2] les Guises, je suis attaché au Roi, & plus encore à ma Religion: mais Dieu m'a-t-il armé pour réformer les abus? Est-ce[3] par la force que l'on défend la Religion que l'on professe? Le premier devoir d'un Sujet est l'obéissance: fasse le Ciel que nos Rois soient éclairés, & qu'ils choisissent de bons Ministres! Mais ces Ministres, quels De Thou, La Place, Brantosme, Mezerai, Varillas, Bayle, Le Gendre.

[1 ms: didascalie absente du manuscrit]

[2 ms: meprise]

[3 ms: & est-ce]

qu'ils soient, les représentent; ils exercent leur autorité, &[1] nous devons y être soumis. Par rapport à la Religion, comme nulle considération humaine ne doit nous engager à la trahir, aussi ne faut-il pas qu'elle serve de prétexte pour manquer à cette soumission, qui est l'obligation la plus essentielle d'un citoyen.[2] Dieu est assez puissant pour faire triompher la véritable Religion quand il le voudra; & s'il la laisse dans l'abaissement, il faut adorer ses décrets sans prétendre les pénétrer: voilà quels sont mes principes, nulle vûe humaine n'y entre, & je suis prêt également à être le martyr de la Réforme & de la soumission que je dois au Roi.

LE P. DE CONDÉ. Ainsi l'État sera en proie à des tyrans, le Roi à la séduction, le culte de Dieu aux fureurs de la superstition: on pourra s'opposer à tant d'horreurs, & il faudra se tenir tranquille. Certes, vous vous faites une étrange idée de la Divinité, si vous croyez que ce soit ainsi qu'elle veut être honorée.

L'AMIRAL. Mais, Seigneur, ne nous abusons point. Est-ce en effet le bien de l'État qui nous[3] souleve contre Messieurs de Guise? Et est-ce le zele de la Religion qui vous irrite contre les Catholiques? L'Amiral de Coligni ne sait pas dissimuler ses pensées, sur-tout avec un Prince pour qui il donneroit sa vie, & à qui, à plus forte raison, il doit dire la vérité. Avouez-le, Seigneur, la Religion, l'État, Dieu, le Roi, ce sont de grands motifs, sans doute, mais, sont-ce bien là les véritables? Le Prince de Condé revêtu tout-à-coup de grandes Charges, & comblé de richesses, continueroit-il à trouver l'État mal gouverné? Lui importeroit-il beaucoup quel culte seroit préféré en France, si sa personne l'étoit à celle de ses concurrens? Oh! Mon Prince, nous nous trompons étrangement sur le motif de nos actions.

On ne peut nier que Messieurs de Guise occupent une place où vous aviez droit de prétendre; mais cela est arrivé de tous les

---

[1 ms: soyent, exercent leur autorité, ils les representent, &]

[2 ms: à manquer au premier de tous les devoirs d'un citoyen, qui est l'obeissance.]

[3 ms: vous]

tems, & les Rois prennent leurs Ministres où il leur plaît. Les Guises viennent de dépouiller le Roi d'une de ses plus belles mouvances par la cession du Barois, c'est un crime de léze Majesté, mais je n'ai point de caractere pour punir ce crime:[1] ils laissent périr de malheureux Officiers faute de leur payer ce qui leur est dû, & la forme de leur refus est encore plus barbare que le refus même: mais il faut convenir qu'à la mort du Roi l'État devoit plus de quarante millions, & qu'il y avoit des dettes pressantes & indispensables à acquitter.[2] On vient d'exécuter Dubourg, j'en ai versé des larmes de sang; mais le jugement de son procès étoit suspendu, l'Electeur Palatin intercédoit pour lui: on pouvoit se flatter d'adoucir le Roi, quand tout-à-coup l'on apprend que le Président Minard, ce zélé catholique, a été assassiné en revenant du Palais; que Robert Stuard, un fanatique parmi les Réformés, est violemment soupçonné de ce crime; & que si le Premier Président le Maistre & le Président de Saint André n'eussent pas été retenus chez eux pour affaires le[3] même jour, on leur réservoit le même sort: alors la fureur se réveille contre nous, & Dubourg en est la victime. Que vous dirai-je, Seigneur? Je suis persuadé que l'on ne poursuit les Réformés qu'en haine de leurs chefs, dont on craint l'ambition; & que si l'on étoit bien convaincu que les chefs voulussent demeurer en paix, on nous y laisseroit.

De Thou, Mezerai, Varillas, Daniel, Le Gendre.

LE P. DE CONDÉ. Votre amitié a bien des droits sur moi, & je vous pardonne de ne pas rendre justice à mes intentions: mais permettez-moi de vous éclairer à mon tour sur les vrais devoirs des Sujets envers les Souverains, & sur les bornes qui leur sont prescrites. On a consulté des Jurisconsultes & des Théologiens de France & d'Allemagne, qui ont répondu que l'on pouvoit prendre les armes contre une autorité qui n'étoit pas légitime, telle que celle de Messieurs de Guise.

[¹ ms: ce crime là]

² Les Vénitiens pressoient pour avoir le remboursement des sommes qu'ils avoient prêtées. Les Suisses vouloient quitter faute d'avoir reçu leur paye pendant cinq ans; & il étoit à craindre que le commerce de Lyon ne passât à Genève, si l'on manquoit à payer l'échéance ce qui étoit dû aux Banquiers de Lyon. (*De Thou, Varillas.*)

[³ ms: ce]

<small>De Thou,
Larrei,
Rapin Thoiras.</small>　L'AMIRAL. On fait dire à ces gens-là tout ce qu'on veut. N'ont-ils pas approuvé le divorce de Henri VIII? (XIV.) Notre véritable casuiste est celui de notre conscience.

LE P. DE CONDÉ. Ainsi donc ce seroit en vain que je vous ferois voir combien il nous est facile de remettre le Gouvernement dans des mains fideles, & de le rendre à[1] ceux à qui l'administration en appartient pendant la minorité, car c'en est une que la foiblesse de François II. Ainsi vous apprendriez avec indifférence, que sais-je? peut-être avec chagrin, que nous sommes au moment de voir nos freres délivrés des dangers de la persécution, & le Roi affranchi de l'esclavage de Messieurs de Guise; que Médicis, oui Médicis elle-même, plus esclave que son fils, avouera toutes nos démarches, si elles sont heureuses, & qu'elles le seront, pourvu qu'elles soient autorisées par des chefs respectés tels que vous, votre brave frere, &, si j'ose dire, par moi. Mais si nous abandonnons des hommes zélés qui agissent pour le bien de l'État & de la Religion, il n'y aura bientôt plus ni État, ni Religion.

L'AMIRAL. Vous croyez bien qu'il n'y a pas de jour que l'on ne cherche à me surprendre sur mes motifs les plus puissans, l'appas du Commandement, la défense de la vérité, le salut des Réformés; & que l'on a eu soin de me faire entendre que l'on ne vouloit que mon consentement, & que tout étoit disposé pour une révolution. Mais, Seigneur, je n'entens que la voix du devoir, & cette voix m'apprend que tout Sujet qui s'arme sans l'ordre de son Roi est un rébelle. Vous me parlez de la Reine, cela seroit bien différent, elle a un droit réel à l'autorité sous un Roi mineur par sa foiblesse.[2]

LE P. DE CONDÉ. Mais cependant, Seigneur, nous touchons au moment de cette révolution, & votre circonspection indiscrete en va faire perdre tout le fruit. Que dis-je? La conspiration est sûe, & l'on ne peut plus agir qu'à force ouverte. Tous les environs se remplissent de nos Troupes, elles s'assemblent par

---

[1] ms: & à]

[2] En effet ce fut la Reine qui autorisa l'Amiral à prendre les Armes, lorsqu'elle se retourna du côté des Réformés. Il les avoit quittés avant la Saint Barthélemi, & avoit déclaré qu'il aimoit mieux mourir que de continuer la Guerre Civile.

pelotons sous l'autorité de la Renaudie, & la Cour ne sait pas que j'y prens part. Malheureux, qui ignorent qu'ils sont découverts, & qui courent à la boucherie croyant marcher à la victoire!

L'AMIRAL. Je vais voir la Reine; & si je ne crois pas devoir servir des rébelles, je ne dois pas abandonner des hommes bien intentionnés. Avec vous j'ai défendu l'autorité Royale,[1] mais avec elle j'en attaquerai l'abus.

LE P. DE CONDÉ. Voilà de bien foibles moyens dans le moment présent.

L'AMIRAL. Je n'en sais rien.

SCENE VI

Le Prince de Condé
L'Amiral
Un Huissier du Cabinet.

L'HUISSIER. La Reine demande Monsieur l'Amiral, elle l'attend dans son cabinet.

L'AMIRAL. Vous lui direz que vous m'avez trouvé avec M. le Prince de Condé à qui j'avais à parler, & que je vais me rendre à ses ordres.

LE P. DE CONDÉ. Je ne la crois pas tranquille, non plus que ses Ministres.

L'AMIRAL. C'est de quoi je vais juger.

Il sort.

[1 ms: j'ai defendu l'autorité Royale avec vous]

SCENE VII

*Le Prince de Condé
La Roche du Maine*

LA ROCHE DU MAINE. Seigneur, vous n'êtes pas libre.

LE P. DE CONDÉ. Moi!

LA ROCHE DU MAINE. Oui, vous.

LE P. DE CONDÉ. Et sur quel prétexte?

> De Thou, Mezerai, Varillas, Daniel, &c.

LA ROCHE DU MAINE. Sur le prétexte que vous êtes le chef muet de la conjuration, votre appartement est environné, & que l'on vous garde à vûe.

LE P. DE CONDÉ. Voilà des méfiances de Messieurs de Guise.

LA ROCHE DU MAINE. Cependant vous n'ignorez pas sans doute ce qui se passe hors la ville.

LE P. DE CONDÉ. J'arrive, & je ne sais rien.

> De Thou, Mezerai, Daniel, Varillas, Le Gendre, &c.

LA ROCHE DU MAINE. On a écrit aux Gouverneurs des Villes & des Provinces, pour leur ordonner d'arrêter tous les gens armés que l'on verroit prendre le chemin d'Amboise.

LE P. DE CONDÉ. Je savois cela, & j'ai rencontré à Orléans Marsilli de Cipierre[1] qui étoit chargé de cette commission.

LA ROCHE DU MAINE. Des Conjurés que l'on a arrêtés ont parlé; ils ont dit que la Renaudie, quoiqu'averti qu'il étoit

---

[1] Il étoit Gouverneur du Duc d'Orléans (depuis Charles IX.). Lorsque Charles IX. fut parvenu à la Couronne, on trouva que pour l'honorer davantage, il falloit qu'un Prince du Sang fût toujours auprès de lui, afin de veiller sur sa conduite, & l'on donna cet emploi au Prince de la Roche-sur-Yon, mais Cipierre ne laissa pas de conserver son emploi; ces deux Gouverneurs s'entendirent bien. « Le Prince cédoit beaucoup à Cipierre qui, étant très-sage, portoit aussi grand honneur & révérence au Prince… & il faisoit très-bon voir ces deux Messieurs les Gouverneurs près la personne du Roi, tenans leurs rangs comme il falloit, l'un haut & l'autre un petit bas. » (*Brantosme.*)

[Voir Brantôme, *Œuvres*, V, 26.]

découvert, n'a pas laissé de s'avancer jusqu'à Carreliere qui n'est qu'à une journée d'ici. Ligniere, un de leurs chefs, est venu de lui-même trouver la Reine avec des détails bien plus précis. Le jour de l'assemblée qui devoit être le quinze, c'est-à-dire demain, étoit remis au dix-sept à cause que la Cour avoit changé de lieu. Castelnau devoit se rendre à Noisai, ici près, avec des Troupes conduites par Mazéres: il y est venu en effet; le Duc de Nemours[1] averti s'y est aussi transporté, & a investi le Château où ils s'étoient retranchés: ces malheureux ont offert de se rendre, pourvû qu'il leur fût permis de venir porter leurs plaintes au Roi sans aucun risque de leurs personnes; le Duc de Nemours a promis au-delà de ses pouvoirs: ils viennent d'arriver, & on les a tous renfermés dans les prisons.

De Thou, Mezerai, Varillas, Daniel, Le Gendre,

SCENE VIII

Le Prince de Condé
La Roche du Maine
Dandelot

DANDELOT. Nous avons été appellés ici à d'étranges spectacles.[2] On a rencontré hier au soir dans la forêt quantité de gens de pied qui étoient armés, la plupart ont été taillés en piéces, & ceux que l'on a faits prisonniers viennent d'arriver ici liés & traînés à la queue des chevaux, & sur le champ ils ont été pendus[3] aux créneaux des murs du Château, bottés & éperonnés. Pendant qu'on les exécutoit, on a vû arriver le corps de la Renaudie, que Pardaillan avoit attaqué dans la forêt de Château-Renaud; la Renaudie l'avoit blessé, & le Valet de Pardaillan l'a tué d'un coup d'arquebuse:[4] le corps de

De Thou, Mezerai.

De Thou.

De Thou, Mezerai, Daniel.

---

[1] Ce Prince étoit d'une branche cadette de la Maison de Savoie, & fut l'ayeul du Duc de Nemours tué en 1652. par le Duc de Beaufort son beau-frere.

[² « La description est affreuse. Les termes de l'auteur sont plus énergiques que ceux que je pourrais employer » (*L'Année littéraire*, 18 novembre 1757, VII, 256).]

[³ ms: champ pendus]

[⁴ ms: coup de balle]

ce malheureux a été coupé par quartiers, & exposé sur des pieux aux environs de la Ville. Cependant tous les prisonniers du Duc de Nemours ont été tirés des prisons, on a noyé les uns, on a pendu les autres: ce qui ajoute à l'horreur, c'est que les Guises ont eu soin que les freres du Roi fussent présens à ces spectacles, sans doute afin[1] d'accoutumer de bonne heure ces jeunes Princes à répandre le sang de leurs Sujets; tous les Seigneurs & toutes les Dames de la Cour sont aux fenêtres pour voir les exécutions, la seule Duchesse de Guise désavouant son mari & son beau-frere, verse des larmes & tâche de calmer la Reine.

De Thou.

De Thou, Varillas.

LA ROCHE DU MAINE. C'est le fruit de l'éducation que lui ont donnée la Duchesse de Ferrare sa mère, & la célébre Fulvia Morata sa gouvernante.[2]

De Thou, Varillas.

DANDELOT. Cependant, à quatre lieues à la ronde on massacre tous les hommes que l'on rencontre,[3] & il n'y a point de Village où il ne s'en trouve trente, quarante, plus ou moins. Le Maître des Eaux & Forêts a eu ordre de tuer sans forme de procès tout ce qu'il a rencontré, & sous ce prétexte, de pauvres marchands ont été volés & assassinés: on voit entrer par toutes les portes de la Ville des prisonniers qui[4] reçoivent la mort en arrivant, les rues sont inondées de sang, & les corps sont jettés dans la Loire qui en est couverte. Un de ces malheureux prêt à être exécuté, a trempé ses mains dans le sang de ses compagnes qui venoient de mourir, & les élevant vers le Ciel, *voilà*, dit-il, *ô Dieu très-bon & très-puissant! le sang innocent de ceux qui sont à vous, dont vous ne laisserez pas la mort impunie*. Ce qu'il est important, Seigneur, que vous sachiez, c'est que Raunai[5] appliqué à la question pour savoir si vous ou le Roi votre frere n'étiez point impliqués dans cette affaire, Raunai a déclaré que le Roi de Navarre n'y étoit point entré,

De Thou.

[1 ms: afin sans doute]

[2 ms: l'education de la Duchesse de Ferrare sa mere, & de la celebre Fulvia Morata qui l'a élevée.]

[3 ms: tout ce qui se présente]

[4 ms: entrer des prisonniers par toutes les portes de la ville qui]

[5 Jean-Louis-Alberic, baron de Raunay.]

mais qu'il avoit oui dire à la Renaudie, qui si l'affaire avoit un heureux succès, vous seriez déclaré le chef des Conjurés.

LE P. DE CONDÉ. Ah! c'est aussi trop abuser de ma patience; la Roche du Maine, la Reine vous aime, je compte sur vous; allez la trouver, & dites-lui qu'il faut enfin que je la voye.

SCENE IX

Le Prince de Condé
Dandelot
La Roche du Maine
Brichanteau de Beauvais

LA ROCHE DU MAINE. Mais que veut Brichanteau?

BRICHANTEAU. Seigneur, c'est à regret que j'exécute la commission dont je suis chargé.

LE P. DE CONDÉ. De quoi s'agit-il?

BRICHANTEAU. De fouiller dans votre appartement, où l'on prétend qu'il y a des armes cachées.

LE P. DE CONDÉ. Vous y pouvez chercher, mais en ma présence, afin[1] qu'on n'y mette pas des armes qui n'y étoient pas.

BRICHANTEAU. Seigneur!

LE P. DE CONDÉ. Je sais que vous êtes honnête homme, mais vous servez des traîtres; & j'avoue que je suis surpris qu'un homme élevé dans notre Maison[2] se soit chargé d'une pareille

La Place.

[1 ms: pour]

[2] Nicolas de Brichanteau Sieur de Beauvais Nangis, Chevalier de l'Ordre de Saint Michel, fut en 1536. Guidon de 50. hommes d'armes de la Compagnie d'Antoine de Bourbon, lors Comte de Marle, qui fut depuis Duc de Vendosme & Roi de Navarre. Il fut fait prisonnier à la bataille de Dreux, & y reçut une blessure dont il mourut, après avoir langui longtems, en 1564. âgé de 54 ans. On peut remarquer dans sa vie qu'à la prise de Calais & de Thionville il eut charge d'empêcher qu'aucun tort ne fût fait aux femmes & aux filles par l'insolence des soldats victorieux. (*Vies des graves & illustres personnages.*)

commission. Allons; & vous, la Roche du Maine, voyez la Reine comme je vous en ai prié.

SCENE X

La Scéne est dans l'Appartement de la Reine.

La Reine
L'Amiral de Coligni

L'AMIRAL (XV.). Eh quoi, Votre Majesté n'est-elle pas accablée des horreurs qu'elle voit? Est-ce régner que de régner par le sang? Et nos maîtres sont-ils nos bourreaux? Quoi, Médicis l'ornement de la Cour du feu Roi, le charme de tous les honnêtes gens, l'asile des malheureux, la protection de tous ceux qu'opprimoit l'infâme Diane: Médicis assez instruite pour ne pas confondre la superstition avec la Religion véritable, c'est elle qui se prête à des forfaits inoüis, qui permet que l'on souille le Trône de son fils du sang de ses plus fidéles Sujets, qui souffre que ses propres enfants jouissent des cris de ces infortunés que l'on traîne à la mort sans les entendre, & dont les dernieres paroles appellent en vain le nom d'une Reine qui fut autrefois si juste & si compatissante?

LA REINE. Croyez que les spectacles affreux qui m'environnent coûtent autant à mon cœur qu'au vôtre: si Coligni est vertueux, Médicis est sensible; mais si vous êtes vertueux, comment prenez-vous la défense des Rebelles? Et puisque Dieu m'a confié la défense de l'autorité Royale, comment puis-je ne pas punir les séditieux?

L'AMIRAL. Sans doute, la révolte est le plus grand des crimes; & une Religion dont la premiere loi ne seroit pas la soumission au Souverain, seroit une fausse Religion: mais Votre Majesté peut-elle ne pas voir qu'il ne s'agit point ici de Religion, & que les échaffauts & les buchers ne sont que des trophées exécrables élevés à l'ambition de Messieurs de Guise? Ceux que l'on vient de punir ont été pris les armes à la main, j'en conviens, & je déteste leur entreprise; mais qui ne connoît le peuple? Ne sait-on pas combien il est aisé de l'animer? Et si on lui donne de justes sujets de se plaindre de la tyrannie, faut-il le livrer tout-à-coup à la mort, sans examiner s'il a raison de se plaindre? Tout Sujet qui se fait justice lui-même est digne de mort; mais des Sujets qui la reclament cette justice, & qui ne s'arment que[1] contre la violence de ceux qui veulent les écarter du Trône pour les empêcher d'y porter leurs[2] plaintes, de tels Sujets sont-ils si criminels? Sur-tout quand il n'y a aucun d'eux qui ne donnât mille fois sa vie pour son Roi.

Quand je parle de l'ambition de Messieurs de Guise, c'est, Madame, sans être jaloux de leur puissance; j'en prens Dieu à témoin, Dieu que je n'attestai jamais en vain: ce Dieu sait que loin d'envier leur place, nulle considération[3] humaine ne me la feroit accepter: qu'ils jouissent en paix du Ciel irrité, c'est à ceux que les employent & qui se chargent de leurs crimes, à en rendre compte un jour à leur Juge & au mien: mon état, à moi, est de servir mon Roi dans les armées, mon ambition de vaincre ses ennemis, ma récompense d'avoir bien servi.

LA REINE. Mais si vous n'attaquez pas Messieurs de Guise, & si vous ne défendez pas les Rébelles, qu'est-ce donc que vous prétendez? Car, que Messieurs de Guise gouvernent bien ou mal, au moins ont-ils raison en un point suivant les principes de tous les Catholiques, c'est de vouloir détruire la nouvelle Religion; & je ne vois pas que, hors vous autres, nul homme puisse leur en faire un crime.

L'AMIRAL. Si la nouvelle Religion étoit aussi utile aux Guises qu'elle leur est contraire, ils en seroient bien-tôt les protecteurs. Bayle.

LA REINE. Et pourquoi leur est-elle contraire? N'est-ce pas parce qu'elle sert de prétexte aux séditieux pour former un parti dans l'État.

L'AMIRAL. Cela est vrai, mais ce parti qui existe, & qui existera toujours sous des maîtres tyranniques, ce parti que je déteste, ne devient redoutable que par la persécution que l'on exerce contre la Religion; & ce prétexte cesseroit bien-tôt, si cette

---

[1 ms: mais tout sujet qui la reclame cette justice, et qui ne s'arme que]

[2 ms: l'empescher d'y porter ses]

[3 ms: puissance]

De Thou.
Religion cessoit d'être persécutée. Ne nous ordonnez pas d'agir contre notre conscience, abandonnez-nous à nous-mêmes, contentez-vous de nos victoires, & laissez-nous nos opinions; ne nous regardez plus que comme des Sujets utiles, & qui ne demandent de récompense que de n'être point gênés dans leur Religion: alors les séditieux resteront seuls de leur parti, & ils n'auront plus à se parer dans l'esprit du peuple de la défense d'une Religion que l'on n'attaquera plus. Le peuple a tort, à la vérité, de se laisser aller à la révolte par quelque motif que ce puisse être; mais ne doit-on pas ménager la foiblesse des esprits? Ce sont vos enfans, il faut compatir à leur misere, & leur ôter les moyens de se nuire à eux-mêmes: Madame, j'en suis le garant à Votre Majesté, que nos Prêches soient libres, & il n'y aura plus de cabales, il y aura des séditieux sans doute, mais ils se lasseront de l'être quand ils ne seront plus secondés: au lieu que si l'on continue de faire des martyrs, leur sang en sera un germe inépuisable. Daignez croire un sujet fidéle qui ne veut que votre gloire. [*Il se met à genoux.*] Nous ne demandons ni emplois, ni dignités, ni trésors; nous demandons la liberté de conscience en même-tems que nous nous lions à l'État & au Roi par les chaînes de la reconnoissance & de la Religion. Ma Reine s'attendrit, elle m'écoute... Un Édit, Madame, un Édit qui nous permette[1] uniquement de nous retirer chacun dans nos maison, & d'y vivre conformément à nos principes; je vous répons alors de nos freres, ou s'ils étoient assez osés pour se révolter, il faudroit qu'ils commençassent par s'immoler [sic] Cologni, Dandelot, & tant d'autres braves sujets qui ne connoissent Dieu & le Roi.

LA REINE. Hé bien, voyez Monsieur le Chancelier.

SCENE XI

La Reine
Le Prince de Condé
Le Cardinal de Lorraine, qui entre par un autre côté que le Prince de Condé

[[1] ms: permet]

LE P. DE CONDÉ. Je demande justice, Madame; si mes services sont rejettés, ce n'est pas une raison pour rendre ma fidélité suspecte. Je trouve Messieurs de Guise devenus bien modestes, de chercher des prétextes pour me desservir auprès du Roi & de Votre Majesté: ne suffit-il pas de leur volonté pour cela? Et n'est-on pas à vos yeux tout ce qu'ils veulent que l'on paroisse? De Thou, Mezerai.

LA REINE. Prince de Condé, votre ressentiment est juste, mais vous ne l'êtes pas dans vos conjectures. Ce n'est pas ma faute si le Roi est assiégé dans Amboise par ses propres Sujets, & si ceux des Conjurés que l'on a arrêtés vous chargent tous d'être leur Chef; il sera aisé de vous en faire juge vous-même, car vous n'aurez[1] qu'à vous cacher pendant qu'on les interrogera.

LE CARDINAL. Madame, il n'est pas étonnant que des misérables se parent d'un grand nom pour autoriser leur audace, & on sait la créance que méritent de[2] pareilles déclarations. De Thou.

LE P. DE CONDÉ. Eh, que m'importent les discours de la populace, soit qu'elle dise ce qu'elle imagine, soit qu'elle répete ce qu'on lui fait dire. Ce n'est pas à moi à me cacher, Madame, mais que Monsieur le Cardinal se cache lui-même, & qu'il entende ce qu'on dira de lui & des siens. Le croira-t-on jamais, que sur de si foibles indices on fasse arrêter un Prince du Sang? Car du moment que je suis entré dans ce Château, je n'y ai pas été libre.

LA REINE. Le Roi a dû le faire pour sa propre sûreté, non assûrément qu'il eût rien à craindre de vos intentions, mais on imposoit par-là aux séditieux, soit à ceux que vous croyent de bonne foi dans leur parti, soit à ceux qui vouloient seulement se servir de votre nom, en leur faisant voir que vous leur devenez inutile. Mais, Seigneur, il est tems que tous ces troubles finissent, & vous apprendrez par l'Amiral de Coligni ce que j'ai bien voulu faire en faveur des Réformés.

[1 ms: il n'y a]

[2 ms: que l'on doit donner à de]

SCENE XII

La Reine
Le Prince de Condé
Le Cardinal de Lorraine
Brichanteau

BRICHANTEAU. Madame, on est aux mains.

LA REINE. Comment!

BRICHANTEAU. Tout sembloit tranquille dans la Ville, quand tout-à-coup on a entendu crier aux armes du côté de la petite porte des Minimes qui est sur la riviere; c'etoit le Capitaine la Motte qui s'avançoit pour surprendre ce poste avec des troupes conduites par Champs, Coqueville, & Chandieu le frere du Ministre de l'Église de Paris. Aussi-tôt le Duc de Nemours est accouru, qui m'a chargé d'avertir le Duc de Guise: les nouveaux Arquebusiers[1] qui servent à la garde de la Personne du Roi, s'étant trouvés le plus près, l'ont suivi conduits par Richelieu; & l'on ne doute pas que cette derniere tentative n'ait le succès des premieres: je retourne en savoir des nouvelles.

De Thou, Varillas, Daniel.

LE CARDINAL *regardant la Reine, lui dit tout bas.* Vous voyez?

SCENE XIII

La Reine
Le Prince de Condé
Le Cardinal de Lorraine
La Trousse, Prévôt de l'Hôtel

LA TROUSSE.[2] Tout est tranquille, Madame; à peine nous nous sommes présentés, que les séditieux se sont éloignés des

---

[1] Après la Conjuration d'Amboise, le Roi créa une nouvelle Compagnie d'Arquebusiers pour la garde de sa Personne, & en donna le Commandement à Antoine Duplessis Richelieu, cousin-germain du Cardinal de Richelieu. (*De Thou.*)

[2 ms: nom du personnage absent du manuscrit.]

murailles, & ont pris la fuite: ils comptoient d'être secondés du côté de la Ville, & en effet on s'est apperçu de quelques mouvemens, qui ont cessé¹ si-tôt qu'on a eu arrêté Ville-Mongai cadet de Briquemaut, & quelques autres: on a voulu s'assurer du jeune Maligni le fils de Louise de Vendosme, qui s'est trouvé chargé par quelques dépositions d'avoir voulu assassiner Monsieur de Guise, mais il a eu le tems de se sauver, ayant monté sur un cheval que lui a prêté Devaux le premier Écuyer du Prince [*montrant*² *le Prince de Condé.*] Comme je venois rendre compte à Votre Majesté, j'ai passé devant la porte du Chancelier Olivier, où j'ai trouvé tous ses gens en pleurs: ce grand homme³ venoit de mourir de saisissement de tant d'horreurs.   Varillas. De Thou, Mezerai.

LA REINE. Prince de Condé, je vous en fais juge.

LE CARDINAL. Plus les attentats sont grands, moins un si grand Prince en peut être soupçonné; mais je ne crois pas qu'il y ait un bon François qui ne sente le danger d'une secte que rien ne rebute, & qui s'anime par des supplices. Hélas! il en coûte la vie à un des grands Magistrats qu'ait eus la France.

LA REINE. Voyons enfin à quoi nous devons nous résoudre: le Prince de Condé sera le maître de prendre congé du Roi quand il le jugera à propos.   Daniel.

*Fin du troisiéme Acte.*⁴

[¹ ms: bientôt cessé]

[² ms: en montrant]

³ On lit dans le livre intitulé *Perroniana & Thuana*, que François Olivier laissa un fils naturel qui fut le Cardinal Séraphin; sa petite-fille épousa Pierre Dubois, Seigneur de Fontaines-Marant & Duplessis en Tourraine, dont la postérité hérita, faute d'hoirs mâles du Chancelier, du Marquisat de Leuville qu'elle posséde aujourd'hui (*Le P. Anselme.*)

[Au numéro 725 dans le *Catalogue des livres de la bibliothèque de feu M. le président Hénault* se trouve un exemplaire de *Perroniana & Thuana sive excerpta ex ore Patini & Aug. Thuani. Geneva, 1669.*]

[⁴ ms: didascalie absente du manuscrit]

ACTE IV

SCENE PREMIERE

Le Scéne est à Fontainebleau, dans l'appartement de la Duchesse de Guise.

La Duchesse de Guise
Le Maréchal de Brissac

<small>Brantosme,
De Thou,
Mezerai,
Varillas,
Daniel.</small>

LA D. DE GUISE. Monsieur le Maréchal, il y avoit bien long-tems que je desirois de vous connoître; vos importans emplois dans le Piedmont, où vous avez acquis la réputation du plus grand Général de l'Europe, ne vous ont pas permis de venir à la Cour depuis que j'y suis, & j'y vois avec plaisir l'ami le plus fidele de Messieurs de Guise.

<small>De Thou.</small>

LE MARÉCHAL. Madame, je leur dois trop pour ne leur être pas absolument dévoué; & le Gouvernement de Picardie dont s'est défait l'Amiral de Coligni, & pour lequel j'ai été préféré au Prince de Condé, ne fait que serrer plus étroitement des nœuds qui m'attachent à eux pour toute ma vie.

LA D. DE GUISE. J'ai voulu vous entretenir sur ce qui nous regarde, & vous ouvrir mon cœur sur ce que je pense de la conduite de Messieurs de Guise.

LE MARÉCHAL. Madame, le Maréchal de Brissac se trouve ici dans une Terre étrangere; la Cour est un pays qu'il ne faut pas quitter un seul jour si l'on veut s'y reconnoître, la surface reste à-peu-près la même, mais les ressorts en changent à tous les momens: j'aurois pu vous mieux informer autrefois.

<small>Brantosme,
Mezerai.</small>

LA D. DE GUISE. Je sais que nul homme de la Cour ne[1] devoit être plus instruit que vous, du vivant du feu Roi: l'intérêt que Madame de Valentinois prenoit à vous n'est ignoré de personne, & peut-être que ce fut cet intérêt qui détermina le

---

[1 ms: personne ne]

Roi à vous éloigner; mais les grands hommes profitent de la disgrace même pour acquérir de la gloire. Je vous dirai donc que je ne suis pas tranquille sur notre situation; tous les esprits sont prévenus contre nous, & je ne vois pas que l'on ait grand tort.

LE MARÉCHAL. Comment voudriez-vous que le Duc de Guise ne fît pas des jaloux? Tous les faits d'armes mémorables qui ont illustré le dernier Régne, ne sont-ils pas son ouvrage?[1] Les grands hommes que nous voyons, ou ont été malheureux à la Guerre, ou n'ont été heureux qu'en servant sous lui. C'est une chose singuliere, que ce qui arrive à ce Prince, il n'a jamais eu d'autre grade militaire que celui de Capitaine de Gendarmes, & naturellement il devroit être sous de simples Maréchaux de Camp: cependant aucun homme n'a jamais osé lui disputer le Commandement: il s'est vû à la tête des Armées, donnant l'ordre au Connétable même, &, pour ainsi dire, le Général de ses Généraux.

Brantosme.

LA D. DE GUISE. Oui; mais fait-il bien tout ce qu'il faut pour se faire pardonner tant de gloire par ses rivaux? Et n'abuse-t-il pas de ses avantages? Si l'envie est un mal nécessaire pour ceux que leur talens mettent au-dessus des autres, au moins faudroit-il qu'ils se rendissent agréables au Peuple, à qui il importe peu par qui il soit commandé: loin de prendre ce parti, il semble qu'il prenne à tâche de se faire haïr; cet homme que je croyois si doux est devenu cruel, le sang des ennemis ne lui suffit pas, il lui faut celui de ses propres citoyens.

LE MARÉCHAL. Je ne reconnois point le Duc de Guise à ce portrait, & votre compassion pour les Rebelles vous emporte trop loin.

LA D. DE GUISE. Dites plutôt que l'intérêt que je dois prendre à un homme dont je porte le nom, me rend plus clairvoyante. Je sais que mon beau-frere le Cardinal de Lorraine a la plus grande part à toutes les exécutions: mais qu'importe que le Duc de Guise ne fasse que se prêter aux cruautés que son frere lui inspire? En est-il moins barbare, & en est-il moins haï? Maréchal de Brissac; la situation où nous sommes est trop

---

[1 ms: sont son ouvrage.]

Varillas.

forcée pour pouvoir durer, les esprits sont trop animés pour qu'on puisse se flatter de les changer: on n'extermine pas toute une Nation, & les malheureuses victimes de Messieurs[1] de Guise trouveront enfin un vengeur. N'est-ce pas une chose inoüie que de[2] dégrader les Princes du Sang au point de leur arracher tous les honneurs & toutes les dignités de l'État. Messieurs de Guise[3] sont des Etrangers admis en France par les Valois, ils doivent ménager & respecter mes parens, & tout ce qui compose cette auguste maison. D'ailleurs, pourquoi persécuter les Réformés? En vérité Monsieur de Guise,[4] le Cardinal lui-même, persuaderont-ils jamais que c'est le zéle de la Religion qui les fait agir?

LE MARÉCHAL. Madame, trouvez bon que je vous contredise sur ce point, & qu'en convenant du danger où Messieurs de Guise s'exposent, je vous représente qu'en agissant pour la véritable Religion, ils agissent pour la tranquillité de l'État. Deux Religions sont deux Trônes élevés dans une Monarchie, dont il faut tôt ou tard que l'un des deux soit abattu, & qui s'entraînent souvent l'un par l'autre. Il n'importe pas d'examiner les motifs qui font agir ceux qui défendent la Religion ancienne, il faut uniquement considérer s'ils agissent utilement.

LA D. DE GUISE. Ainsi donc vous autorisez les cruautés & les barbaries que l'on exerce contre ces malheureux.

LE MARÉCHAL. On n'a que trop-tardé à détruire la semence empoisonné des novateurs: non-seulement ils troublent le Pays qu'ils habitent, mais ils suscitent des Étrangers qui cherchent à profiter des dissentions domestiques; & ces ennemis sont

---

[1 ms: victimes de l'ambition de Mrs de Guise]

[2 ms: qu'est ce que c'est que de]

[3 ms: de l'Etat. je me souviens d'avoir vû chès mon pere Mr de Pons; il vouloit s'égaler à nous, & avoit des airs de hauteur dans nôtre maison qui ne convenoit pas à un homme que sa fortune avoit reduit à prendre une charge à nôtre cour. le feu Roi mon cousin l'en blama beaucoup, & dit que quoi que Mr de Pons fut [sic] peut être d'une naissance égale à celle de M^{rs} d'Est; il devoit se souvenir qu'il étoit à nos gages. Mrs de Guise]

[4 ms: en vérité mon mari]

d'autant plus dangereux, qu'ils sont composés & de Catholiques & de Calvinistes: les premiers, sous prétexte de défendre la vraie Religion, prennent connoissance de nos affaires, & forment des partis parmi nous, c'est ce que fait aujourd'hui l'Espagne; & les seconds, tels que les Princes d'Allemagne, se préparent à venir à force ouverte au secours des Rebelles; encore qu'un État se trouve investi & par ceux qui le défendent, & par ceux qui l'attaquent.

LA D. DE GUISE. Ainsi, Monsieur, voilà des Princes du Sang brouillés sans retour avec notre Maison, & vous n'imaginez pas que nous devions les rechercher.

LE MARÉCHAL. A Dieu ne plaise que je pense ainsi! Messieurs de Guise doivent faire toutes sortes d'avances au Prince de Condé, & par respect pour sa personne, & pour faire voir au Peuple qu'ils se rangent à leur devoir; mais je crois en même tems que toutes les tentatives seront inutiles:[1] la fierté du Prince de Condé est inaccessible, rien ne l'adoucit. Ne vient-on pas de donner aux Princes du Sang une grande marque de considération? Le Duc de Montpensier a eu le Gouvernement de Touraine, & le Prince de la Roche-sur-Yon celui d'Orléans. De Thou, Varillas.

LA D. DE GUISE. Oui, parce qu'ils sont dévoués à la Reine: mais qu'a-t-on fait pour le Roi de Navarre & pour le Prince de Condé? N'est-ce pas une chose honteuse de voir ce dernier sans Charges & sans Gouvernement?[2] Et n'étoit-il pas au moins de la bienséance d'appuyer auprès du Roi d'Espagne la demande que le Roi de Navarre faisoit de la Sardaigne?[3] Mais enfin, Monsieur le Maréchal, si vous n'entrez pas dans mes raisons, ne les combattez pas du moins auprès[4] de mon mari & de mon beau-frere. Je vais redoubler mes instances pour tâcher de les ramener à des sentimens plus doux: Madame la

---

[1 ms: mais d'ailleurs je crois toutes les tentatives inutiles]

[2 Louis I. Prince de Condé n'avoit pas 6000 livres de rente quand il entra dans le monde. (*Le Gendre*.)]

[3 ms: demande que faisoit le Roi de Navarre de la Sardaigne?]

[4 ms: mes sentimens, du moins ne les combatés pas auprès]

Duchesse de Ferrare[1] ma mere, qui vient d'arriver a déjà commencé, mais je crains sa hauteur: fille de Louis XII. elle croit toujours parler à ses Sujets, & Messieurs de Guise ne croyent l'être de personne: il faut des bouches plus timides pour les persuader. La Reine m'écoute avec bonté, & elle connoît la droiture de mes intentions: enfin la Duchesse de Montpensier agit de concert, & peut-être pouvons-nous espérer que la Maréchale de Saint André nous secondera.

LE MARÉCHAL. La Maréchale de Saint André! Ah! Madame, le Prince de Condé aime ses maîtresses pour en être aimé, & point du tout pour en être gouverné. Voyez Mademoiselle de Limeuil, elle est devenue grosse au milieu de la Cour, on l'a chassée sans que le Prince de Condé ait eu seulement l'air de s'en appercevoir. Mais je vois Monsieur le Cardinal, je vous laisse ensemble; soyez sûre que j'agirai toujours conformément à vos véritables intérêts.

SCENE II

Le Cardinal de Lorraine
La Duchesse de Guise

LE CARDINAL. Ma sœur le Roi vient de nommer Michel de l'Hospital pour successeur du Chancelier Olivier; j'avois jetté les yeux sur Jean de Morvilliers[2] Évêque d'Orléans, mais il

---

[1] Renée Duchesse de Ferrare, sœur de la Reine Claude, mourut à Montargis le 12. Juin 1575. Marot avoit été son Secrétaire. Henri II. souffrant impatiemment que cette Princesse fût la plus zélée de tout le parti protestant, avoit envoyé une instruction au Duc de Ferrare son mari, portant que faute par elle de renoncer à ses erreurs, « Sa Majesté veut & entend, & de fait prie & exhorte très-instamment Monsieur le Duc de Ferrare qu'il ait à faire mettre ladite Dame en lieu séparé de congrégation & conversation, où elle ne puisse gâter personne que soi-même, lui ôtant ses propres enfans & toute sa famille entièrement de quelque Nation qu'ils soient, lesquels se trouveront chargés ou véhémentement soupçonnés desdites erreurs & fausses doctrines, pour leur faire leur procès. » (*Castelnau.*)

[Voir *Mémoires de Castelnau*, I, 718.]

[2] Il étoit natif Blois, issu de la famille de Philippe de Morvilliers qui fut Premier Président au Parlement de Paris dès l'an 1420. & de Pierre de Morvilliers, Chancelier de France en 1461. Catherine de Médicis le fit entrer dans la suite au

s'est senti trop foible; &, toutes réflexions faites, je crois qu'il a eu raison, & l'Hospital nous conviendra mieux;[1] c'est un homme qui nous est attaché; il avoit suivi en Italie le Connétable de Bourbon, & a été amené en France par le Cardinal de Tournon: la jeune Duchesse de Savoye l'avoit emmené depuis à Nice en qualité de son Chancelier, & il n'en est[2] revenu que sur la nomination du Roi que je lui ai envoyée.

De Thou, Mezerai, Varillas.

LA D. DE GUISE. C'est un bon choix; je l'entretins long-tems aux nôces de Marguerite, & il me parut un homme fort[3] sage: mon frere, des hommes tels que celui-là sont bien nécessaires dans le tems présent.

LE CARDINAL. Plus nécessaires que vous ne sauriez croire. Nos jours, ces jours passés dans un travail sans relâche, sont enviés par les oisifs de la Cour; sans talens ou sans volonté, ils ne peuvent souffrir les hommes qui se sacrifient à leur bonheur: au moins, si étant jaloux de leur gloire, ils l'étoient de se rendre aussi nécessaires qu'eux, on leur pardonneroit leur ambition; mais ils n'ont que de la vanité, & du sein de la

---

Conseil, où il fut toujours opposé au Chancelier de l'Hospital, parce qu'il aspiroit à avoir les Sceaux, comme en effet il les eut en 1568. lorsque la Reine les envoya redemander par Pierre Brulart Secrétaire de ses commandemens, au Chancelier de l'Hospital qui se retira de la Cour. Jean de Morvilliers mourut à Tours le 23. Octobre 1577. âgé de 70. ans.

[1] Sa fortune étoit médiocre ainsi que sa naissance, car il n'étoit pas de l'ancienne Maison de l'Hospital-Choisi; il étoit suivant les uns (*Varillas*), fils d'un Juif qui avoit été Médecin du Connétable de Bourbon; suivant d'autres (*notes sur de Thou*), il étoit fils d'un Médecin de la Duchesse de Lorraine, &, suivant Mezerai, petit-fils d'un Juif d'Avignon. Le Lieutenant Criminel Morin qui l'avoit entendu plaider avec éclat, lorsqu'il n'étoit qu'Avocat au Parlement de Paris, lui donna sa fille en mariage avec une Charge de Conseiller au Parlement (*Varillas*). Il fut depuis Président des Comptes, Maître des Requêtes & Conseiller d'État. Lorsque l'Hospital eut appris son élévation, il crut qu'avant que d'y consentir il devait prendre ses mesures avec le Cardinal Bertrandi qui étoit en Italie; ce dernier avoit été nommé Garde des Sceaux lorsqu'on avoit relegué Olivier dans sa maison; & ses Lettres de Provision qui avoient été enregistrées au Parlement de l'exprès commandement du feu Roi, portoient que si Olivier mouroit avant lui, il lui succéderoit dans la dignité de Chancelier: ainsi l'Hospital ne voulut faire aucune fonction de sa Charge, qu'après que Bertrandi eut renoncé à son droit. (*De Thou.*) (XVI.)

[2 ms: d'où il n'est]

[3 ms: bien]

mollesse & de l'indolence ils accusent la fortune de ne rien faire pour eux, tandis qu'ils ne font rien pour elle. Je voudrois bien savoir de quel droit le Roi de Navarre se plaint de n'être pas employé? Voudroit-il l'être? Que prétend le Prince de Condé? Toujours se battre? Est-ce donc avec les armes seulement que l'on sert l'État? Et si nous ne lui préparions pas des Armées, si nous ne ménagions pas des Alliés, si les revenus de l'Etat étoient mal administrés, que deviendroit sa valeur, & à qui commanderoit-il? Les autres ne valent pas la peine d'être nommés. Non, c'est trop servir des ingrats.[1]

LA D. DE GUISE. Ah! Du moins si vous êtes envié, ne soyez pas haï; ce n'est pas la faute de la vertu si elle excite la jalousie, mais n'a-t-elle pas tort[2] quand elle s'attire la haine? Monsieur le Cardinal voyez tous les malheureux qui nous environnent, & tous les maux que vous nous avez causés! Voyez nos Villes teintes de sang, & tant de familles désolées qui vous redemandent ce qui leur étoit le plus cher.

LE CARDINAL. Vous avez raison, mais la Religion…

LA D. DE GUISE. Non, la Religion n'est pas cruelle, & la charité en est le lien, comme elle en est le fondement.

De Thou.

LE CARDINAL. J'ai peut-être trop suivi mon zéle; mais les choses vont prendre une autre face, & vous seriez bien étonnée si vous voyiez[3] actuellement chez moi quatre Ministres que j'ai mandés.

LA D. DE GUISE. Le Ciel soit béni.

LE CARDINAL. Ils hésitoient de s'y rendre, mais la nouvelle Déclaration qui porte une abolition générale pour le passé sur le fait de la Religion, a fait cesser toutes leurs craintes. Je vous quitte; voyez Madame la Duchesse de Ferrare, & apprenez-lui ce qui se passe.

[1 ms: ingrats. Et il est insensé de sacrifier ses soins, peut être sa vie pour n'en recueillir que de l'ingratitude.]

[2 ms: pas de tort]

[3 ms: voyés]

Il sort.[1]

LA D. DE GUISE. Puissions-nous enfin respirer! Puissent mes craintes cesser pour tout ce que j'aime dans le monde![2] Ah! Le voilà.

SCENE III

La Duchesse de Guise
Le Duc de Nemours

LA D. DE GUISE. Hé bien, les esprits s'adoucissent, & nous pouvons espérer la fin de nos misères.

LE DUC DE NEMOURS. Oui, Madame, le malheureux Duc de Nemours ne sera plus obligé pour vous prouver son attachement, de partager les fureurs de Messieurs de Guise. Qui le pourroit croire, que la Princesse la plus vertueuse qui fut jamais, ne pût être servie que par le meurtre & la proscription, & qu'elle y employât l'homme du monde qui en a le plus d'horreur.

LA D. DE GUISE. Ah! Si vous pouviez voir mes douleurs.

LE DUC DE NEMOURS. C'est ce qui redouble ma peine; aussi je dévore chaque jour les dégoûts que l'on me donne dans le parti où vous m'avez engagé, & je vous fais le sacrifice des victimes que j'immole, en même tems que mon cœur & mon

---

[1 ms: didascalie absente du manuscrit]

[2] Comme je ne veux rien avancer dont je n'aie la preuve, je dois avertir ici qu'il n'est prouvé nulle part que la Duchesse de Guise ait aimé M. de Nemours du vivant de son mari; mais il est certain qu'elle l'épousa peu après avoir été veuve, c'est-à-dire, trois ans environ après le tems dont je parle: il est certain qu'elle l'épousa par amour, & il est encore certain que dans le tems dont je parle le Duc de Nemours étoit amoureux d'une grande Dame qu'aucun Historien ne nomme par respect; c'en seroit sans doute beaucoup plus qu'il n'en faut pour supposer cet amour dans une Tragédie ordinaire, mais dans celle-ci je ne dois pas induire le lecteur dans la moindre erreur, ainsi je ne donne ce fait que comme une vraisemblance: on sait d'ailleurs que le Duc de Nemours étoit l'homme le plus galant & le plus accompli de son tems; c'est le même que celui du Roman de la Princesse de Cleves.

<small>De Thou, Mezerai, Varillas.</small>

bras se refusent à de semblables cruautés. Pensez-vous que j'aye vû tranquillement égorger des malheureux qui s'étoient rendus à moi sur la foi du pardon de leur révolte? Mais enfin je vous vois, & Messieurs de Guise n'ont point de serviteur plus fidéle, parce qu'on n'a jamais tant aimé.

LA D. DE GUISE. Prince, je vous aime, mais nous ne sommes plus à nous ni vous ni moi, & nous nous trouvons liés l'un & l'autre par des chaînes qui remontent jusqu'au Ciel, & que le tems qui détruit tout ne fait que rendre plus fortes.[1]

LE DUC DE NEMOURS. Ah! S'il n'agissoit que de moi,[2] vous savez ce que c'est que mon engagement, & vous n'ignorez pas que mon mariage avec Mademoiselle de Rohan se sauroit subsister.[3]

LA D. DE GUISE. Eh, en suis-je plus libre? Non, nous ne pouvons plus espérer d'être l'un à l'autre: que mes regrets vous suffisent; & si vous êtes aussi généreux qu'il est vrai que je vous aime, contentez-vous, ou plutôt plaignez-moi des sentimens que j'ai pour vous.

LE DUC DE NEMOURS. Quels sentimens que ceux de l'estime & de l'amitié! des sentimens que l'on peut mériter, & qui ne sauroient se refuser aux services & à la probité! Ah, que les miens sont différens! Vous le savez, le Duc de Nemours vous fut dévoué le premier moment qu'il vous vit; & je n'attendis pas, Madame, pour vous consacrer ma vie, que le tems m'eût fait connoître toutes les vertus qui vous rendent le plus digne objet des vœux du monde entier.

LA D. DE GUISE. Ah! Prince, ai-je attendu plus long-tems à vous aimer? Que dis-je? à vous l'avouer. Vous êtes ce que je cherchois, & ce que mon cœur n'avoit pas encore rencontré: mon mariage avec Monsieur de Guise étoit arrêté avant que ni lui ni moi nous nous connussions; l'engagement que nous

---

[¹ ms: fortes & plus durables.]

[² ms: LE DUC DE NEMOURS. Vous savez]

³ Le Duc de Nemours avoit fait une promesse de mariage à Mademoiselle de Garnache, de la Maison de Rohan, & il en eut un fils qui porta toute sa vie le titre de Prince de Genevois.

avons pris ne me l'a pas[1] attaché, & malgré cela je lui donnois les sentimens que l'on doit à son époux, je ne croyois pas qu'il y en eût d'autres que ceux-là; vous parûtes à la Cour, & je fus bien-tôt détrompée. Vous ne l'avez point oublié, c'étoit au mariage de Marie Stuard, pendant la fête que l'on donna lorsque son frere Bastard & le Comte d'Argail apportérent au Dauphin la Couronne d'Écosse; vous me parlâtes, & je ne vous cachai point ce que je pensois: l'innocence de mes intentions causa mon imprudence, ou plutôt ma foiblesse; mais enfin ma vertu me rassuroit, & vous pouviez bien juger à la facilité avec laquelle je vous avouai mes sentimens, que ce seroit l'unique prix que vous deviez attendre des vôtres. Varillas.

LE DUC DE NEMOURS. O trop heureux Duc de Guise! vous vivez pour lui! Ses craintes, ses espérances, ses dangers, ses succès sont les vôtres.

LA D. DE GUISE. Cela devroit être, & c'est ce qui me condamne à mes yeux. Non, tous les dangers ausquels s'exposent Messieurs de Guise ne sont devenus les miens que parce que vous les partagez. Prince, vous devenez barbare parce qu'ils le sont, & c'est ma main qui vous conduit! Quel étrange effet de notre attachement! Est-ce une punition de ce qu'il est trop tendre? Mais cet entretien a déja duré trop long-tems, & vous êtes le seul homme qu'il faut que j'évite; cependant ce qui se passe nous est trop important pour n'en pas parler: vous savez que le Cardinal se rapproche de Protestans.

LE DUC DE NEMOURS. Oui, je le sai; mais vous ignorez ce qui le détermine.

LA D. DE GUISE. Comment?

LE DUC DE NEMOURS. Perenot de Chantonai, frere du Cardinal de Granvelle & Ambassadeur de Philippe II. a entretenu la Reine sur les troubles de ce Royaume: croiriez-vous qu'il lui a conseillé pour les faire cesser, d'éloigner pour un tems les Princes de Guise de la Cour, & de remettre la principale autorité entre les mains des Princes du Sang & du Connétable?

[[1] ms: les engagemens qu'il a pris, ne me l'ont pas]

LA D. DE GUISE. Le Roi d'Espagne?

LE DUC DE NEMOURS. Lui-même; on imagine qu'il y a été porté par plusieurs des parens de Monsieur de Montmorenci qui sont à la Cour.

LA D. DE GUISE. Si cela pouvoit les contenir.

LE DUC DE NEMOURS. Je les trouve moins ardens depuis deux jours, sur-tout le Cardinal: Madame la Duchesse de Ferrare les a maltraités, ils craignent de se trouver seuls au milieu de la Cour, le caractére de Médicis les tient en respect: ils redoutent ou sa foiblesse, ou son inconstance, ou peut-être sa dissimulation: enfin on ne sauroit douter qu'il ne s'apprête quelque grand changement; & l'assemblée convoquée de tous les Princes du Sang, des Grands Officiers & des Ministres, doit produire un événement considérable.

LA D. DE GUISE. Plût à Dieu! Mais laissez-moi: je sens que les plus grands intérêts ne sont qu'un prétexte dont mon cœur profite malgré moi... Laissez-moi.

LE DUC DE NEMOURS. Vous le voulez, je vous quitte, Madame; & ce moment si rare de pouvoir vous entretenir, ce moment si attendu est déja passé.

LA D. DE GUISE. Adieu, je vais voir ma mere pour lui faire part des dispositions où j'ai trouvé le Cardinal.

LE DUC DE NEMOURS & LA D. DE GUISE. Adieu! Adieu!

SCENE IV

La Scéne est dans l'appartement de la Reine.

La Reine
La Duchesse de Montpensier

LA REINE. Duchesse, j'avois bien besoin de vous.

LA D. DE MONTPENSIER. J'avois autant d'empressement de me rendre auprès de Votre Majesté: mon esprit se perd dans tout ce que je vois, les intérêts paroissent ici changer tout-à-coup, sans qu'il y en ait aucune apparence.[1] Votre Majesté a entretenu long-tems plusieurs Réformés; le Cardinal, à l'envi, affecte de les bien traiter, & le Roi d'Espagne abandonne Messieurs de Guise, eux qui fondoient toutes les espérances politiques de ce Prince, & par qui il pouvoit se flatter de bouleverser tout le Royaume.

De Thou, Mezerai, Varillas.

LA REINE. Il est vrai qu'on ne pouvoit pas s'attendre au conseil que Philippe m'a fait donner par son Ambassadeur: le Cardinal de Lorraine ne sait où il en est: moi-même j'ai été assez crédule pour penser[2] que ce Prince trouvant trop d'embarras à se mêler de toutes nos affaires, ou plutôt assez occupé de ce qui se passe dans les Pays-Bas, vouloit regagner les esprits des Sectaires, en cessant de protéger les ennemis de la nouvelle Religion; mais je ne suis pas restée long-tems dans cette erreur, & j'ai bien-tôt apperçu la politique cruelle de ce Prince: il croit les Guises assez forts pour me tenir tête; il veut me commettre avec eux, & par-là augmenter les factions dont la France n'est déjà que trop agitée; Monsieur le Chancelier ne s'y étoit pas mépris, & il m'a bien confirmée dans cette pensée.

De Thou.

LA D. DE MONTPENSIER. Votre Majesté reconnoîtra de quelle importance cet homme lui étoit dans les circonstances présentes. Monsieur de l'Hospital plus instruit que Monsieur le Cardinal de Lorraine, a tout le courage du Duc de Guise; ferme & plein d'expédiens, & le plus savant homme du monde, & qui a le plus d'esprit, le plus rempli d'honneur, & sachant s'il le faut, mépriser la réputation même, pour en faire le sacrifice au salut de l'État.[3] Les hommes véritablement grands sont ceux qui rassemblent le plus de qualités opposées.

[¹ ms: cause apparente]

[² ms: dans la bonne foi de croire]

³ Il y parut bien lors de l'Edit de Romorentin du 1560. par lequel le Roi ordonna, qu'à l'exclusion des Cours du Royaume, la connoissance du crime de l'hérésie appartiendroit à l'Evêque. Le Parlement avoit soutenu il y avoit cinq ans, avec courage, la compétence sur cette matière: encore que la rumeur fut grande lorsque l'Edit parut; le Chancelier de l'Hospital qui en étoit l'auteur ne s'en émut point: & enfin on reconnut qu'il avoit voulu par ce moyen éviter un plus grand mal, qui

LA REINE. Duchesse, c'est à vous que je le dois, & jamais vous ne m'avez si bien servi: aussi vous vîtes que je n'hésitai pas un moment quand vous me le proposâtes.

LA D. DE MONTPENSIER. N'admirez-vous pas comme Messieurs de Guise se font tout l'honneur de ce choix, & croyent qu'il est leur créature? Il est vrai qu'il les avoit toujours ménagés, comme tout homme sensé doit ménager les gens en place; mais on les ménageant, il apprenoit à les connoître.

De Thou.

LA REINE. C'est par cela même qu'il m'est utile: mais comment ne croiroient-ils pas qu'il leur doit tout? Je n'ai pas paru agir auprès de mon fils.

LA D. DE MONTPENSIER. Est-il vrai que ce qui a déterminé le Roi, ça été [sic] de certains vers que l'on dit être fort beaux, & que Monsieur de l'Hospital avoit faits[1] pour l'éducation des Enfans de France?

De Thou.

LA REINE. Oui: je les lui avois rappellés pour le disposer en sa faveur; il n'en faut pas tant que l'on croit pour déterminer les plus grandes choses. Mais revenons, je vous prie, au Cardinal de Lorraine; vous ne sauriez croire à[2] quel point sa frayeur est montée.

LA D. DE MONTPENSIER. Quoi, cet homme si violent!

LA REINE. Cela ne me surprend pas, la violence vient souvent de la peur; ce sont deux extrêmes où l'on voit passer successivement les hommes entreprenans & timides. Je

De Thou.

étoit l'inquisition, que Messieurs de Guise vouloient établir en France. (*De Thou.*)

[1] « Il fit un discours au Roi François II. contenant *une instruction pour bien heureusement régner:* ce discours est en vers latins, composés lorsqu'il étoit Premier Président des Comptes; & depuis traduits en vers françois par Joachim du Bellai. » (*Histoire des Chanceliers, de François Duchesne.*)

[Voir *Histoire des Chanceliers & Gardes des Sceaux de France, depuis Clovis jusqu'à Louis XIV*, par Fr, Duchesne. Paris 1680, p. 68; ce texte se trouve dans le *Catalogue* au numéro 1604.]

[2 ms: il est étonnant à]

voudrois que vous l'eussiez vû tantôt: vous savez que c'est lui qui a le plus pressé cette Assemblée composée de tous les grands du Royaume;[1] il y a paru tantôt haut, tantôt bas, furieux contre l'Amiral, qui, à la vérité, a présenté avec assez d'insolence une Requête au nom des Calvinistes, puis[2] affectant d'être touché de ce qu'ont dit l'Évêque de Valence & l'Archevêque de Vienne contre les supplices des Protestans, & consentant à la convocation d'un Concile National, si le Pape refusoit d'en convoquer un général: ensuite passant à un objet qui l'intéressoit davantage, il a bien surpris tout le monde en approuvant l'Assemblé des États qui viennent d'être indiqués pour le mois de Décembre. Ce qui m'a paru assez plaisant, c'est que le Duc de Guise nous a dit que l'on assembleroit tant de Conciles que l'on voudroit, que tous les Conciles du monde ne lui feroient pas changer de croyance;[3] cela n'est pas d'un grand Théologien, mais à travers son ignorance on voit bien que sa politique fait toute sa Religion.

De Thou, Varillas.

LA D. DE MONTPENSIER. En avez-vous douté? Mais soyez sûre que son frere, pour être plus habile, n'en est pas meilleur Catholique, & que la grandeur de leur Maison est tout ce qui les occupe.

LA REINE. Voilà où nous en sommes. Cependant l'éloignement du Prince de Condé qui est allé rejoindre le Roi de Navarre, ne laisse pas de m'inquiéter; c'est ce qui a fait que j'ai désiré de voir quelques-uns des plus accrédités des Réformés: en les approchant de moi je les calme, & en même-tems je m'instruis de leurs affaires.

---

[1] L'Assemblée se tint dans l'appartement de la Reine mere, où étoient le Roi, cette Princesse, la Reine régnante, & les freres du Roi; au-dessous étoient assis les Cardinaux de Bourbon, de Lorraine & de Guise; ensuite leurs deux freres le Duc de Guise & le Duc d'Aumale, le Connétable, le Chancelier, Coligni, les Maréchaux de Saint André & de Brissac, André Guillard du Mortier Président du Parlement, Jean de Morvilliers Evêque d'Orléans, Jean de Marillac Archevêque de Vienne, & Montluc Evêque de Valence; les Chevaliers de l'Ordre étoient sur des bancs au-dessous. (*De Thou, Mezerai, Varillas.*)

[2] ms: & puis]

[3] ms: quitter sa Religion]

| | LA D. DE MONTPENSIER. Mais, Madame, une chose tout aussi
Varillas. | inquiétante, c'est le mouvement des Troupes qui se fait dans tout le Royaume, & la forme nouvelle que l'on a observée dans la distribution de ces Troupes: le Duc de Nemours m'a fait faire cette remarque. Tous les Chefs sont détachés de leurs Corps, pour servir avec d'autres Troupes que celles qu'ils commandent naturellement; ensorte que tous ceux qui ne sont pas dévoués à Messieurs de Guise, ont avec eux les troupes sur lesquelles Messieurs de Guise peuvent compter plus[1] sûrement. Que veulent-ils donc entreprendre? Et quelle est leur intention? Se conduiroient-ils autrement s'ils vouloient se rendre indépendans du Roi & de vous? Sans doute qu'ils ont des émissaires dans chaque Corps, & que les Troupes ne marchent qu'à de certains ordres dont ils sont convenus. Je vous avoue que j'ai été frappée d'une pareille nouveauté.

LA REINE. En effet cela est assez bisarre; & je me rappelle que le Duc de Guise m'ayant apporté il y a quelques jours l'état des Troupes, je fus surprise du nouvel ordre qu'il y avoit mis; il m'en donna je ne sai quelles raisons qui ne me parurent pas trop claires, mais dont alors je me contentai: croyez que je ne perdrai pas de tems à m'en éclaircir. Monsieur de l'Hospital a raison; il dit qu'il pourroit arriver qu'en un moment le Roi & moi nous nous trouverions seuls dans le Royaume, entre les Troupes des Réformés qui obéissent aux Princes, & l'Armée des Catholiques qui ne connoissent que Messieurs de Guise. Il n'en sera pas ainsi, les succès des Guises les aveuglent, & je ne suis pas si loin des Réformés qu'ils le pensent.

SCENE V

La Reine
La Duchesse de Montpensier
Le Duc de Guise
Un Huissier du Cabinet

L'HUISSIER. Monsieur le Duc de Guise est là.

[1 ms: le plus]

LA REINE. Qu'il entre. [*à la D. de Montpensier.*]¹ Gardez-vous de laisser rien voir de ce que vous avez appris. [*au Duc de Guise.*]² Hé bien, Duc de Guise, votre frere se met à la raison; il commence à sentir comme moi, que la rigueur n'a fait jusqu'ici qu'aigrir le mal, il consent à un Concile, & il a été le premier à proposer l'assemblée des États généraux.

LE DUC DE GUISE. Mon frere, Madame, a peut-être été trop loin d'abord: & aujourd'hui, par une terreur subite, il donne dans l'excès contraire, & se porte à des facilités dont on n'appercevra le danger que quand le mal sera sans reméde; ma conduite est tout aussi sévere que la sienne, mais elle est plus conséquente: elle eût été moins cruelle si j'en avois été cru, & je n'aurois pas choisi, pour me relâcher, le moment où peut-être les châtimens seroient le plus nécessaires.

LA REINE. Vous prenez vous-même bien mal votre tems, pour regreter les partis de rigueur, lorsque tout le monde applaudit à la sage résolution qui vient d'être prise.

LE DUC DE GUISE. Votre Majesté est mal informée, & elle ignore ce qui se passe.

LA REINE. Quoi, encore de nouvelles imputations?

LE DUC DE GUISE. Non, Madame, ce sont des entreprises nouvelles bien plus sérieuses que les premieres, & c'est de quoi je venois rendre compte à Votre Majesté.

LA D. DE MONTPENSIER. Je me retire.

LE DUC DE GUISE. Il n'est pas nécessaire, Madame; je sais vos dispositions à notre égard, mais je sais que vous êtes attachée à la Reine; & il est bon que vous connoissiez enfin, & les hommes que vous soutenez, & ceux qui ont le malheur de vous déplaire.

LA REINE. [*à la D. de Montpensier.*] Demeurez. [*au Duc de Guise.*] Hé bien, qu'est-ce donc qu'il y a de nouveau ?

[¹ ms: didascalie absente du manuscrit]

[² ms: didascalie absente du manuscrit]

LE DUC DE GUISE. Vous l'allez apprendre. Votre Majesté sait que Monsieur le Prince de Condé, en s'en allant en poste en Béarn, a eu une longue conversation près de Montlhéri avec Damville.[1] Cette conversation…

De Thou, Mezerai.

LA REINE *ironiquement*. Étoit sans doute une conjuration?

LE DUC DE GUISE. Oui, Madame, une conjuration, & Votre Majesté en va juger.

LA REINE. Voyons.

LE DUC DE GUISE. Si-tôt que le Prince de Condé a été arrivé à Nérac, il a envoyé ici le Sieur la Sague Gentilhomme Gascon.

LA REINE. Je le sais; c'étoit pour demander de l'argent dont il a besoin, à la Princesse de Condé sa femme, qui vient d'engager au Connétable sa Terre de Germigni pour dix mille écus.

LE DUC DE GUISE. Oui, c'étoit-là le prétexte; mais voici quelle étoit la véritable commission de cet agent: étant arrivé à Fontainebleau, il a voulu séduire le nommé Bonval avec lequel il avoit servi dans le Montserrat.

De Thou, La Place, Mezerai, &c.

LA REINE. Bonval! Voilà une furieuse ressource pour un parti!

LE DUC DE GUISE. Bonval a paru se prêter aux offres avantageuses de la Sague, & a tiré son secret.

LA REINE. Qui étoit?

LE DUC DE GUISE. Qui étoit que ses maîtres se préparoient à venir à main armée s'emparer du Gouvernement; qu'ils avoient dessein de prendre sur la route Poitiers & Orléans, tandis que le Connétable se rendroit maître de Paris par le moyen de son fils qui en est Gouverneur: Senarpont & Bouchavenes, de la Picardie: Jean de la Brosse-d'Estampes, de la Bretagne: & le Comte de Tande beau-frere du Connétable, de la Provence.

De Thou, Mezerai, Varillas, &c.

LA REINE. Un homme peut dire ce qu'il veut.

---

[1] Damville, fils du Connétable, venoit à la Cour pour faire rompre le marché que Messieurs de Guise avoient fait du Comté de Dammartin.

LE DUC DE GUISE. Cela est vrai.

LA REINE. Mais quelle preuve a-t-il donnée à Bonval?

LE DUC DE GUISE. Ce n'étoit qu'un discours, j'en conviens; cependant comme cela méritoit bien la peine d'être examiné, mon frere a fait suivre la Sague comme il s'en retournoit: on l'a arrêté, & on a pris les lettres dont il étoit chargé.

LA REINE. Et que disent ces lettres?

LE DUC DE GUISE. Il y en a plusieurs de Messieurs de Montmorenci qui ne disent rien, & qui sont de simples complimens; mais il y en a d'autres du Vidame de Chartres, qui s'expliquent davantage; il y offre ses services aux Princes dans toutes les entreprises qui concernent l'intérêt du Roi. Jusques-là on ne pouvoit pas conclure grand-chose de cette découverte, mais la Sague pressé de dire ce qu'il savoit nous a enfin avertis de mettre dans l'eau l'enveloppe qui enfermoit les lettres du Vidame,[1] & que nous y apprendrions tout le secret de sa commission. Heureusement Monsieur de l'Aubespine avoit gardé cette enveloppe, & c'est là que nous avons trouvé la confirmation bien détaillée de ce que la Sague avoit dit à Bonval. La Place, Castelnau.

LA REINE. Duchesse, cela mérite attention.

LA D. DE MONTPENSIER. Sans doute, Madame.

LE DUC DE GUISE. Monsieur le Cardinal doit porter ce papier à Votre Majesté, pour qu'Elle en juge par Elle-même, & qu'Elle ne s'en rapporte qu'à ses yeux.

LA REINE. Et le Prince de Condé niera qu'il fut le Chef de la Conjuration d'Amboise! [à part, à la Duchesse de

---

[1] Il étoit le dernier de l'ancienne Maison de Vendosme, qui fondit depuis dans la Branche de Bourbon; on le fit conduire à la Bastille où il n'eut permission de voir personne, pas même Jeanne d'Estissac sa femme; il y mourut quelques jours avant la mort de François II. de la suite des débauches de sa jeunesse. On disoit qu'il avoit été attaché à la Reine, & qu'il en avoit mal parlé. Messieurs de Guise n'eurent pas de plus mortel ennemi depuis que le Vidame avoit disputé au Duc d'Aumale la Charge de Colonel de la Cavalerie Légere; le Duc d'Aumale l'avoit emporté par la faveur de la Duchesse de Valentinois (*De Thou, Varillas, &c.*)

Montpensier.] Il entend bien mal ses intérêts; il me raméne malgré moi à ses ennemis, dans le tems…

SCENE VI

La Reine
La Duchesse de Montpensier
Le Duc de Guise
Le Maréchal de Brissac

LA REINE. Maréchal, que dites-vous de ce qui se passe?

LE MARÉCHAL. Votre Majesté voit mon indignation, & point du tout mon étonnement.

LA REINE. Mais la Sague ne dit-il rien de plus?

LE MARÉCHAL. Il n'est pas question de ce que dit la Sague, mais bien plutôt de ce qui vient d'arriver. Sans vous faire un plus long détail, Maligni a manqué de s'emparer de Lyon, où il avoit été envoyé par le Roi de Navarre; il étoit déja maître du Pont qui est sur la Saone, & de la partie de la Ville qui est entre cette Riviere & le Rhône: & s'il s'eût été secondé par les Troupes qu'il avoit répandues sécretement dans tous les quartiers de la Ville, Lyon ne seroit plus au Roi.

[marginal: De Thou, Varillas, &c.]

LA REINE. Les traîtres!

LE MARÉCHAL. C'est l'Abbé de Savigni, Lieutenant de Roi sous le Maréchal de Saint André son oncle, qui vient de nous mander ces nouvelles; il ajoute, qu'ayant fait venir Gondrin & Maugiron avec leurs Troupes, on étoit prêt à en venir aux mains, & que sans doute Maligni auroit été écrasé, mais qu'il a encore mieux aimé lui faciliter la sortie de Lyon, pour ne pas abandonner une Ville si opulente au hazard d'un Combat.

[marginal: La Place, Varillas, Daniel, &c.]

LA REINE. Cet important service ne restera pas sans récompense.[1]

LE MARÉCHAL. Ce n'est pas tout, la Ville de Valence est soulevée, ainsi que celles de Montelimar & de Romans, & les

---

[1] Il fut fait Archevêque d'Arles.

Conjurés ont à leur tête, de Comps, Montbrun, Saint Auban, & tant d'autres: les États du Pape ne sont pas plus tranquilles, & Avignon est environné de Religionnaires armés, tandis que la Provence & la Normandie fournissent des rébelles, que Châteauneuf ami de la Renaudie s'avance vers la Ville d'Aix, où il prétend venger sur les habitans la mort de son ami, & que Saint Lo, Caen & Dieppe nous donnent les mêmes allarmes. De Thou, Varillas, Daniel, &c.

LA REINE. En voilà beaucoup, mais ces dangers sont au-dessous de mon courage: le sang coulera de nouveau. [*à part.*] Et quel sang!... Ah! J'apprendrai à ceux que je n'ai pu gagner, que Médicis n'est point politique par foiblesse. Voyons les partis que l'on doit prendre, & que le Conseil soit assemblé dans une heure.

Fin du quatriéme Acte.[1]

[[1] ms: didascalie du manuscrit]

ACTE V

SCENE PREMIERE.

La Scéne est à Orléans, dans l'appartement de Madame la Duchesse de Guise

La Duchesse de Montpensier
La Duchesse de Guise

LA D. DE GUISE. Rien n'est plus étonnant que ce qui se passe:[1] l'esprit de vertige s'est emparé de ce pays-ci: il semble que tout le monde soit convenu d'agir contre[2] ses véritables intérêts, & l'aveuglement est extrême, de la part des Princes de Condé qui courent visiblement à leur perte, de la part de la Reine qui les y entraîne, & de la part des Messieurs de Guise par qui elle s'est laissé persuader. Que prétend-elle? Quoi! elle attire dans Orléans les deux freres, sous prétexte d'assister aux États généraux! Le Prince de Condé est arrêté en arrivant, & sur le champ on lui fait son procès! Croit-elle immoler[3] impunément de si grandes victimes? Le peuple sera-t-il indifférent à une entreprise si violente? Et les Réformés dont le Royaume est rempli, laisseront-ils un tel parricide impuni? Quelle folie à Messieurs de Guise de se flatter qu'une si horrible exécution restera sans vengeurs, & qu'ils se rendront les maîtres de la France en s'en rendant l'exécration! Voilà donc la guerre allumée parmi nous! Et quelle guerre! Où la Religion armera jusqu'aux enfans, & où l'ambition croira ne voir jamais trop de sang répandu. Ah! Madame, quelle ame assez insensible pourroit voir d'un œil sec de semblables cruautés?

LA D. DE MONTPENSIER. Notre amitié est indépendante des partis où nous sommes liées, & Mademoiselle de Givri

Marginal note: De Thou, La Place, Castelnau, Mezerai, Daniel, Le Gendre.

[1 ms: Je ne reviens point d'étonnement de ce qui se passe.]

[2 ms: tout le monde semble s'être donné le mot pour agir contre]

[3 ms: s'immoler]

n'oublie pas les bontés de la Princesse de Ferrare. Madame, tout ce que vous dites n'est que trop vrai, & vous m'en voyez tout aussi consternée que vous: ne croyez pas que la Reine aime plus Messieurs de Guise, qu'elle hait Messieurs de Condé; elle n'aime que le Roi, l'État, & sa propre grandeur: elle ne voit dans les deux partis que des usurpateurs & des rébelles: mais la rébellion est claire, & l'usurpation se peut colorer. Le Cardinal prétend ne servir que l'État, & le Prince de Condé ne sauroit nier qu'il n'ait soulevé toutes les Provinces... Mais qui croiroit que la femme du Duc de Guise pensât si généreusement sur les malheurs de la France,[1] & qu'elle vînt avec moi pleurer sur ses ruines?

LA D. DE GUISE. C'est que si je suis femme de Monsieur de Guise, je suis fille d'une Princesse du Sang,[2] & que, sans autre intérêt que celui de mon mari, je vois qu'il court à sa perte. Mais comment le Prince de Condé a-t-il pu venir se mettre à la merci de Messieurs de Guise? Et, s'il y vouloit venir, comment n'a-t-il pas du moins encouragé le Roi de Navarre à demeurer à Nérac? Un des deux échappé au danger auroit contenu les leurs ennemis communs, & en épargnant un crime à Messieurs de Guise, on empêchoit la Guerre Civile.

LA D. DE MONTPENSIER. Votre surprise sera bien plus grande quand vous saurez toutes les imprudences de Messieurs de Guise, dont la moindre eût dû ouvrir les yeux au Roi de Navarre & à son frere: le Roi leur avoit écrit il y a deux mois de se rendre à la Cour, & pour les y engager, on avoit juger qu'il falloit tromper la Comtesse de Roye belle-mere du Prince de Condé, en lui faisant entendre qu'il étoit de l'intérêt des Princes de venir se justifier de tout ce qu'on leur imputoit. Messieurs de Coligni abusés appuyoient cette proposition; ils écrivirent à leur sœur de presser son gendre de partir, mais Madame de Roye n'ayant pas donné dans le piége, manda que le Prince obéiroit, pourvû qu'il lui fût permis d'arriver bien accompagné pour n'avoir rien à craindre de la haine de Messieurs de Guise: alors on tenta une autre voie,[3] & le

De Thou,
La Place,
Mezerai,
Varillas,
Daniel,
Le Gendre.

[¹ ms: de l'État]

[² ms: je suis Princesse du Sang]

[³ ms: alors on se retourna]

Cardinal de Bourbon, homme de peu d'esprit, & livré, comme vous savez, à la Cour, fut chargé d'aller trouver ses freres, le Roi de Navarre, & le Prince de Condé, pour les déterminer à venir: les[1] hommes sensés de leur Cour, leur faisoient voir la folie d'un tel voyage: le Comte d'Escars au contraire, & le Chancelier Bouchard[2] vendus au Cardinal de Lorraine, se joignirent au Cardinal de Bourbon, & le voyage fut résolu. Jusques-là la Cour s'étoit conduite assez habilement, mais à peine furent-ils partis que l'on envoye des Troupes dans toute la Guyenne, pour y arrêter les personnes suspectes, & pour raser tous les Châteaux que Jeanne d'Albret avoit apportés en mariage à son mari: c'en eût été assez pour avertir des hommes plus prudens; on ne se contente pas de cela, on leur fait fermer les portes de Poitiers sur leur route, & par cette méfiance on leur laisse voir celle qu'ils auroient dû avoir; c'étoit le dernier avis salutaire que la fortune leur pouvoit donner, mais leur mauvis génie l'emportoit. Non-seulement ils continuent leur voyage, mais le Cardinal d'Armagnac qu'on leur avoit dépêché, leur persuade de renvoyer toute la Noblesse dont ils étoient accompagnés, & qui faisoit leur sûreté, sous le prétexte de prouver à la Reine qu'ils étoient aussi assurés de son amitié que de leur innocence: le reste, vous le savez; ils arrivent à Orléans, & le Prince de Condé est arrêté.

LA D. DE GUISE. Hélas! Oui; il n'ont reçu aucuns honneurs en arrivant ici, nul courtisan n'est allé au-devant d'eux; Maillé-Brézé, & le Roi Chavigni Capitaines des Gardes, ont arrêté le Prince de Condé en sortant du Cabinet: je l'ai vû passer, on l'a mis dans cette tour de brique nouvellement faite que nous voyons d'ici, & que sans doute on avoit élevée à cette intention: nul n'a permission de le voir, pas même le Roi de Navarre, qui, sans être enfermé, n'est guéres plus libre que lui. Vous savez aussi que l'on a arrêté Madame de Roye sa belle-mere, & qu'on l'a enfermée dans le Château de Saint-Germain. Mais quoi! la Reine ne sent-elle pas la conséquence d'une telle entreprise?

[[1] ms: venir: en effet comme il étoit dans la bonne foi, du moins nous devons le croire, il persuade le Roi de Navarre qui entraina le P. de Condé: les]

[2] Chancelier de Navarre.

LA D. DE MONTPENSIER. La Reine entraînée tour-à-tour par le Cardinal de Lorraine & par le Chancelier de l'Hospital, passe en un moment d'une extrêmité[1] à l'autre, & ne sait à quoi s'arrêter. Le Prince est venu chez elle, elle a pleuré en le voyant; étoit-ce des pleurs d'attendrissement ou d'effroi? Je n'en sais rien, car je n'ai pu la voir, & peut-être l'ignore-t-elle elle-même: elle peut, Madame, faire mourir le Prince de Condé, ou chasser Messieurs de Guise, sans qu'elle m'étonne, tant son ame est agitée & il faut convenir qu'elle doit l'être:[2] la santé du Roi, au milieu de tant de troubles, donne de grands sujets de réflexions; enfin jamais moment ne fut plus redoutable.[3] O grand Roi! qui veilles sur la France, & que la France invoque, est-ce fait de ton héritage? Et le laisseras-tu détruire?

SCENE II

La Duchesse de Montpensier
La Duchesse de Guise
Un Écuyer

L'ÉCUYER. Madame, Monsieur de Guise a fait demander avec qui vous étiez.[4]

LA D. DE GUISE. Vous le voyez, c'est avec Madame de Montpensier. [*L'Ecuyer sort.*]

LA D. DE MONTPENSIER. Madame, je veux l'éviter; je ne répondrois pas de moi en le voyant: je sors par votre cabinet.

LA D. DE GUISE. Et moi, je vais le voir. Puissent les motifs de l'humanité & de la Religion, attendrir un cœur que l'ambition a rendu impénétrable! Mais, Madame, vous verrez la Reine?

LA D. DE MONTPENSIER. Vous le croyez bien. [*Elle sort.*]

[1 ms: d'un extrême]

[2 ms: quelque parti qu'elle prenne tant son ame est agitée]

[3 ms: fatal]

[4 ms: qui est ce qui étoit avec Madame.]

LA D. DE GUISE. Quelle conversation je vais avoir! & que puis-en espérer?

SCENE III

Le Duc de Guise
La Duchesse de Guise

LE DUC DE GUISE. Qu'est donc devenue Madame de Montpensier?

LA D. DE GUISE. Elle vient de me quitter.

LE DUC DE GUISE. J'étois venu pour l'entretenir.

LA D. DE GUISE. Et qu'auriez-vous pu lui dire.

LE DUC DE GUISE. Pensez-vous que les affaires présentes ne méritent pas bien que l'on s'en entretienne?

LA D. DE GUISE. Ah! Monsieur, elles ne le méritent que trop. Mais qui croyez-vous pouvoir trouver sur la terre, hors ceux que l'intérêt attache à vous, qui puisse raisonner de sang froid sur les attentats redoublés qui se commettent sous vos yeux?

LE DUC DE GUISE. Madame...

LA D. DE GUISE. Oui, Monsieur, vos flatteurs vous obsédent, & les personnes d'honneur vous évitent. Il faut pourtant que vous entendiez une fois la vérité, &, quoi qu'il m'en coûte, il faut que vous l'appreniez par ma bouche, puisqu'il ne vous reste que moi pour vous la dire: vous faites arrêter le premier Prince du Sang! Y pensez-vous bien?

De Thou, Mezerai.

LE DUC DE GUISE. Moi, Madame? Voyez l'ordre qui a été donné, il est signé du Roi, du Chancelier, & des Seigneurs de la Cour; vous n'y verrez pas mon nom ni celui de mon frere.

LA D. DE GUISE. Et qui croyez-vous tromper? Le Prince de Condé est prisonnier, sa prison est votre ouvrage: la barbarie est jointe à l'insulte, on refuse à sa femme de le voir; & vous pouvez croire qu'une telle action demeurera impunie? Ne voyez-vous pas tous les bras levés sur vous se disputer l'honneur de votre mort?

LE DUC DE GUISE. Prenez-vous-en à la Reine.

LA D. DE GUISE. La Reine, coupable ou non, se sauvera par sa dignité, & quand les choses seront parvenues à l'excès, votre sang lavera ses torts & sa honte. La Reine! Ah! Connoissez-la mieux; elle vous hait tout autant que les Condés: votre foiblesse a fait seule jusqu'ici toute votre force[1] auprès d'elle; elle ne vous a mis à ses côtés que par la crainte d'y voir assis des hommes plus puissans que vous, & dont la naissance pourroit balancer[2] son autorité. La Reine! Elle vous sacrifieroit mille fois pour le plus léger intérêt. Et qui sait encore à quel parti elle se déterminera? Si le Prince de Condé périt, vous périrez par la Nation; si Médicis moins hardie le laisse échapper, vous périrez par lui. Ah! Monsieur, pourquoi courir à une mort certaine qui sera encore suivie de déshonneur? Il en est tems, soyez humain, soyez juste. [*Elle se met à genoux.*] Voyez votre femme à vos pieds vous implorer pour vous-même, & qui ne demande qu'à vous sauver de vos propres fureurs.

LE DUC DE GUISE. Ne croyez pas que me méprenne à votre douleur, je connois la fierté de votre sang: vous cherchez à défendre les Princes de votre Maison aux dépens de celle où vous êtes entrée; & si votre mari vous étoit si cher, le Duc de Nemours vous le seroit moins.

LA D. DE GUISE. C'est dans l'état où je suis que vous m'outragez! [*Elle se releve.*] Il vous siéd bien de me faire de semblables reproches?

LE DUC DE GUISE. Madame, je rends justice à votre vertu, mais je n'en suis pas moins instruit de vos sentimens.

LA D. DE GUISE. Hé bien, Monsieur, si vous doutez de l'intérêt que je prens à vous, soyez au moins sûr de celui que je prens à votre[3] fils. Qui sait jusqu'où la fureur de la Nation pourra se porter? Vous n'ignorez pas qu'on a cherché à l'enlever, afin

---

[1 ms: fait jusques ici votre seule force]

[2 ms: seroit suspecte à]

[3 ms: mon]

que sa vie répondît de celle des Bourbons: cet enfant malheureux[1] ne connoît encore de toute votre fortune, que les imprécations qu'il entend faire à son nom, & les hazards dont on menace sa personne.

LE DUC DE GUISE. Il doit s'essayer aux dangers où la fortune l'appelle; la véritable Religion attend de lui son défenseur.

LA D. DE GUISE. Ainsi donc mes craintes ne font que commencer: mais, Seigneur, croyez-en un pressentiment trop funeste, elles ne seront que trop tôt justifiées;[2] & si vous persistez, vous & lui vous êtes perdus.

LE DUC DE GUISE. Le sort en est jetté, il n'est plus tems de reculer; on n'insulte pas impunément les hommes au-dessus de soi: il faut que la mort du Prince de Condé, en me garantissant de son ressentiment, m'affranchisse d'un rival importun, après qu'une condamnation juridique aura appris son crime au monde entier.

LA D. DE GUISE. Et vous croyez que le Roi de Navarre restera tranquille?

LE DUC DE GUISE. Le Roi de Navarre? Je ne le craindrai bientôt plus. Que le Roi vive, c'est-là ce qui m'occupe; sa mort seule peut me mettre en danger: mais heureusement la fiévre l'a quitté, & ses forces reviennent à vûe d'œil. Le Maréchal de Brissac arrive, je vous prie de nous laisser ensemble.

De Thou.

SCENE IV

Le Duc de Guise
Le Maréchal de Brissac

LE DUC DE GUISE. Hé bien, le Roi de Navarre?

LE MARÉCHAL. Vous savez que Monsieur le Cardinal étoit convenu avec le Roi de ce qui se passeroit: on devoit mander

---

[1] Ce fut Henri Duc de Guise assassiné à Blois.

[² ms: elles n'ont pas à durer]

le Roi de Navarre, à qui le Roi auroit fait des reproches sanglans de sa rébellion; cet homme se seroit échauffé, & sur le champ on l'eût massacré.[1] Au lieu de cela, le Roi de Navarre étant entré dans le cabinet du Roi, lui a baisé la main d'une façon respectueuse: le Roi, ou intimidé, ou adouci par sa présence, l'a bien traité.[2] *De Thou, Castelnau.*

LE DUC DE GUISE. O l'homme timide & lâche!

LE MARÉCHAL. Mais ce qui est encore plus sérieux, c'est la santé du Roi.

LE DUC DE GUISE. Comment! Il étoit mieux.

LE MARÉCHAL. Cela est vrai, & nous lui en faisions compliment Paré & moi, quand tout-à-coup nous l'avons vû pâlir, ses yeux s'égarer, & une couleur livide se répandre sur son visage.

LE DUC DE GUISE. Hé bien?

LE MARÉCHAL. J'ai regardé Paré qui a levé les yeux au Ciel.

LE DUC DE GUISE. Ah! Perfide Médicis... il n'y a pas un moment à perdre; si les Princes survivent au Roi, c'est fait de nous, il faut hâter le jugement du Prince de Condé. *De Thou, Mezerai.*

LE MARÉCHAL. Et le Roi de Navarre?

LE DUC DE GUISE. Il faut qu'il périsse en même tems: je vais voir la Reine, elle ne sait pas que nos périls sont communs, & elle se flatte peut-être d'en être quitte pour nous abandonner.

SCENE V.

Le Cardinal de Lorraine
Le Duc de Guise
Le Maréchal de Brissac

[1 ms: & on l'eut sur le champ massacré]

[2 ms: traité, soit qu'il ait manqué de courage, soit que sa volonté ne fut plus la même.]

LE CARDINAL. Où allez-vous?

LE DUC DE GUISE. Chez la Reine.

LE CARDINAL. Elle veut être seule, & on ne la verra que dans une heure: vous savez ce qui se passe?

LE DUC DE GUISE. Le Maréchal de Brissac m'a tout appris: où en est le procès du Prince de Condé?

LE CARDINAL. Il a refusé de répondre à la Commission,[1] en disant qu'il ne devoit pas être jugé par des Commissaires, mais par le Roi, par les Pairs, & par toutes les Chambres du Parlement assemblées, comme il s'étoit pratiqué au procès du Duc d'Alençon: il a appellé au Roi, & ensuite au Conseil Privé, de toutes les procédures: on a déclaré ses appels nuls; il a appellé de nouveau du Roi mal conseillé au Roi bien conseillé; & enfin, pour vous abréger les détails, on a ordonné sur le Réquisitoire de Bourdin Procureur Général, que s'il persistoit à ne vouloir pas répondre devant les Commissaires du Roi, il seroit déclaré atteint & convaincu du crime de leze-Majesté, & que cependant on procéderoit au récollement & à la confrontation. La Princesse de Condé s'est jettée aux pieds du Roi, pour demander que l'on donnât un conseil à son mari, elle l'a obtenu, & les deux Marillacs[2] sont avec lui.

<small>Castelnau.</small>

<small>De Thou.</small>

LE DUC DE GUISE. Voilà qui est bien long.

LE CARDINAL. Il n'a pas été possible d'aller plus vite.

LE DUC DE GUISE. Et le Roi de Navarre, enfin, qu'en faites-vous?

---

[1] Elle étoit composée du Chancelier, du Président de Thou, des Conseillers Barthelemi Faye & Jacques Viole, &c. & de Du Tillet Greffier en chef. (*De Thou*.)

[2] Célebres avocats. Cette famille, originaire d'Auvergne, a produit de Grands Hommes. Messieurs de Marillac qui furent donnés pour Conseil au Prince de Condé, étoient tous deux Avocats, & eurent un grand nombre de freres, dont entr'autres, un fut Archevêque de Vienne, l'ami particulier de Madame de Montpensier, & fort attaché aux Princes du Sang; un autre, Evêque de Rennes, & un autre fut pere du Garde des Sceaux & du Maréchal de France.

LE CARDINAL. Je ne doutois pas qu'il ne touchât à son dernier moment, lorsqu'il est entré chez le Roi, vous en savez l'événement; il ne nous reste plus de ressource contre lui, que de faire connoître à la Reine ses véritables intérêts.

LE DUC DE GUISE. Il faut la voir; je vous préviendrai, & puis vous acheverez ce que j'aurai commencé. [*Ils sortent.*]

SCENE VI

La Scéne est dans le cabinet de la Reine.

LA REINE *seule, dans un fauteuil, appuyée sur une table, les mains sur son visage.* Le Roi n'a que peu de jours à vivre; tout ce que Gauric m'a dit ne me sort point de l'esprit; il semble qu'un mauvais génie développe à chaque instant ses prédictions; des spectres sans nombre m'obsédent toutes les nuits; je ne vois que des tombeaux & des fleuves de sang autour de moi. Chere ombre de mon mari, c'est vous!... Quels regard menaçans!...[1] Non, ce n'est pas moi... Non, ce malheureux enfant ne pouvoit pas vivre;[2] & si nos secrets sont connus chez les morts, pourquoi m'accusez-vous?... Mais que dis-je? Et quelle est ma foiblesse? Réveille-toi, Médicis; l'État est ta famille, & si François II. meurt, le Ciel l'aura permis pour sauver la France des divisions qui sont prêtes à la déchirer: la calomnie m'attaque en vain; jamais, si on en croit le peuple, un Prince n'est mort de sa mort naturelle; mais ce[3] peuple, quand il aura senti ses véritables intérêts reconnoîtra qu'une minorité véritable vaut mieux qu'une majorité imaginaire. De Thou, Mezerai.

Cependant, quel parti dois-je prendre? Si mon fils meurt, sa mort m'affranchit du joug des Guises... Oui, mais il faut pour cela que les Princes vivent; car si je les perds, le parti des

---

[[1] ms: vous ! Non, ce]

[2] Catherine de Médicis a été soupçonnée d'avoir empoisonné le Dauphin François son beau-Frere, François II. & Charles IX. ses fils (*Abrégé de Mezerai.*)

[[3] ms: le]

Guises, quoique privé du crédit de leur niéce, ne sera que toujours que trop puissant: n'en doutons point, mon autorité tient à leur conservation; & le Chancelier de l'Hospital a raison.

SCENE VII

La Reine
Un Huissier

L'HUISSIER. Monsieur de Guise est là.

LA REINE. Il faut dissimuler… Qu'il entre.

SCENE VIII

La Reine
Le Duc de Guise

LA REINE. Hé bien, Monsieur de Guise, où en est le procès du Prince de Condé?

LE DUC DE GUISE. Madame, Votre Majesté le sait mieux que moi, on le juge actuellement, & il ne peut éviter la juste condamnation que mérite sa révolte: des témoins sans nombre ont été entendus, le procès-verbal fait à Lyon est sans réplique, & il n'a pu nier aucun des faits dont on l'accuse.

De Thou, Mezerai.

LA REINE. J'avois oüi dire qu'il y avoit quelque difficulté.

LE DUC DE GUISE. Non, Madame, il n'y en a point à sa condamnation, mais il y en a beaucoup à la sûreté de votre Personne, si Votre Majesté ne prend dans le moment un parti de rigueur contre le Roi de Navarre. (XVII.)

LA REINE. Pourquoi donc?

D'Avila.

LE DUC DE GUISE. Parce que, loin que la mort du Prince de Condé vous soit utile, elle vous devient fatale, si le Roi de

Navarre lui survit, & que si l'un & l'autre survivent[1] au Roi, ils deviennent à l'instant les maîtres; que la fonction de leurs Juges cesse, & qu'une fois mis en liberté, il n'y a point d'excès où ne les portent leur ambition & leur ressentiment.[2]

LA REINE. Nous n'en sommes pas là.

LE DUC DE GUISE. Nous y touchons, Madame; que Votre Majesté me permette de lui parler avec la vérité dont je fais profession: la tranquillité où je vous vois m'étonne, je cherche à l'expliquer, & je n'en trouve qu'une raison.

LA REINE. Laquelle?

LE DUC DE GUISE. Vous croyez que notre crédit cesse à la mort du Roi, & vous ne vous trompez pas; mais Votre Majesté croit qu'en nous rendant la même autorité & la même confiance dont son fils nous avoit honorés, sa puissance en sera moins grande, & Elle se trompe: Elle se trompe bien davantage, en imaginant que si Elle se conserve Messieurs de Condé, ils la laisseront la maîtresse de l'État. Ah! Madame, si notre foible crédit a pu vous blesser, si la mere du Roi a pu craindre auprès de lui une ombre de faveur qu'il avoit répandue sur nous, qui n'étions que ses sujets, quelles seront & quelles devront être ses craintes, lorsqu'elle verra approcher du Trône des Princes qui peuvent y monter, qui tiennent leur pouvoir de leur naissance, & qui, en lui disputant l'autorité, ne feront que maintenir leurs droits? Malheur à nous, si nous avons pu vous causer quelque jalousie; mais pour peu qu'elle eût été fondée, & que nous n'eussions pas, à force de soumissions & de respects, fait cesser vos soupçons, Votre Majesté avoit la Nation entiére toute prête à punir notre témérité, & à venger enfin l'autorité suprême blessée dans votre Personne: ici, Madame, c'est tout le contraire; les Princes seront soutenus par cette même Nation qui les aura associés[3] à l'absolu pouvoir: la Régence vous sera disputée par le Roi de Navarre, & s'il l'emporte, vos fonctions seront réduites à la simple

De Thou.

[1 ms: survit]

[2 ms: ne les porte leur ambition & leur vengeance.]

[3 ms: l'aura associée]

éducation du Roi. Que Votre Majesté oublie que c'est moi qui lui parle, & que l'intérêt que j'ai à la persuader n'ôte rien à la force de mes raisons. Médicis soulagée par mon frere & moi, & ayant pour elle tous les Catholiques de la France, ne voit rien qui la contredise: Médicis à la merci des Princes du Sang & des Protestans, ne peut envisager que des divisions & des orages, & qu'un avenir funeste pour elle & pour la Nation.

LA REINE. Mais, quoi, Monsieur, songez-vous bien quel attentat ce[1] seroit de faire mourir deux Princes du Sang?

LE DUC DE GUISE. Oui; si leurs crimes étoient douteux, & que l'on pût croire qu'on a cherché à les perdre; mais, Madame, leur condamnation est écrite dans le cœur de tous les vrais François, & le Royaume bouleversé demande leur mort.

LA REINE. Il est vrai, leurs torts sont réels, & le peuple ne doit voir en eux que des séditieux: mais ce même peuple qui condamne leur révolte, verra leur supplice avec indignation.

LE DUC DE GUISE. On est bien fort quand on a la justice pour soi.

LA REINE. Non pas avec le peuple.

De Thou.

LE DUC DE GUISE. Hé bien donc, puisque vous m'y forcez, que Votre Majesté envisage l'abysme qui s'ouvre pour Elle; voyez le Roi mort, & la Prison du Prince de Condé s'ouvrir; voyez ce lion furieux se jetter sur vous, & vous prendre pour premiére victime de sa rage; oubliera-t-il que vous l'avez attiré ici sur la foi des sermens les plus sacrés? Que vous avez employé tout l'artifice, pardonnez-moi ce[2] mot, & tous les dehors les plus trompeurs, pour l'engager à venir se livrer entre vos mains? Qu'enfin, comme sa prison a été votre ouvrage, c'étoit vous qui le conduisiez à la mort si le Roi eût[3] vécu? Ah! Madame, supposez le Prince de Condé l'homme du monde le plus doux, il faudroit qu'il fût le plus insensé, s'il ne vous mettoit pas hors d'état de lui nuire: il n'est pas question

---

[1 ms: bien ce que ce]

[2 ms: le]

[3 ms: avoit]

ici de vengeance, il s'agit de sa sûreté; & on lui prouveroit aisément, s'il pouvoit hésiter, que votre mort importe au salut de sa personne... Votre Majesté ne me répond point? Le tems presse.

LA REINE. Duc de Guise, laissez-moi un moment à moi-même.

LE DUC DE GUISE. Madame, songez qu'il ne s'agit pas moins que de votre vie & de votre grandeur.

SCENE IX

LA REINE, *seule.*[1] Avec quelle adresse & quel faux air d'intérêt cet homme cherche à me persuader! Mais cependant tout ce qu'il me dit je le sais comme lui, & il ne m'exagere rien... Les Condés périront-ils? Seront-ils mon soutien? Ferai-je triompher les Guises? Puis-je compter sur leur parole? Étrange alternative qui va décider du sort de l'Etat, & où le danger du choix est presque égal! Madame de Montpensier va me voir; loin de lui laisser pénétrer ce que je pense, ne lui montrons que le dessein de consommer la perte des Princes, & achevons de me déterminer, en comparant la force de ses raisons avec ce que je viens d'entendre. C'est elle.

SCENE X

La Reine
La Duchesse de Montpensier

LA REINE. Non, madame, il n'y a plus à balancer, il faut arrêter le Roi de Navarre, & qu'on le juge ainsi que le Prince de Condé; leurs crimes sont les mêmes, ils doivent périr également.

LA D. DE MONTPENSIER. Madame, voilà une résolution bien subite, & Monsieur le Chancelier m'avoit donné d'autres espérances. Que peut vous avoir dit Monsieur de Guise qui balance la solidité de ses raisons? Ou plutôt, comment les

---

[1 ms: didascalie absente du manuscrit]

vaines terreurs qu'il a voulu vous inspirer, peuvent-elles vous persuader un crime véritable?

LA REINE. Comment, ils ne sont pas coupables?

<small>De Thou, Mezerai.</small>

LA D. DE MONTPENSIER. Non, Madame; au moins le Roi de Navarre, & vous n'avez pas oublié qu'après le tumulte d'Amboise, il poursuivit & tailla en piéces une troupe de séditieux qui s'étoient assemblés dans le Comté d'Agen… Vous le joignez à son frere, parce que vous craignez son ressentiment, s'il lui survit; mais cette crainte est-elle un motif suffisant pour lui donner la mort? Votre Majesté peut-elle se dissimuler qu'il n'a eu nulle part aux troubles & aux factions que l'on peut reprocher au Prince de Condé? Ah! Madame, loin de le faire périr en haine de son frere, il faut sauver son frere à cause de lui.

LA REINE. Mais ne connoissez-vous pas le Prince de Condé, son indépendance, ses hauteurs?

LA D. DE MONTPENSIER. Oui, je les connois; mais si son ame est impétueuse, son cœur est généreux: à travers ses transports, il ne se méprend pas à la main qui le frappe; & il ne vous regarde que comme l'instrument involontaire dont Messieurs de Guise se sont servi pour le perdre.

LA REINE. Duchesse, vous vous abusez.

<small>De Thou.</small>

LA D. DE MONTPENSIER. Non, Madame, je ne m'abuse point; je vous aime, & je vous répons de Messieurs de Condé. Mais Votre Majesté veut-elle bien que je l'éclaire sur les motifs[1] de Messieurs de Guise? Songez-vous qu'ils n'ont respecté jusqu'ici Votre Majesté, & que peut-être le Roi, que par la crainte du seul Prince de Sang qui pouvoit leur résister? Je n'oserois vous dire jusqu'où leur ambition les porte; fasse le Ciel qu'un jour le Royaume ne l'éprouve pas! Mais pensez-vous quels seront Messieurs de Guise quand vous les aurez délivrés d'un si puissant obstacle? Pensez-vous ce que vous serez vous-même, chargée d'un crime dont ils auront soin de vous renvoyer toute l'horreur, afin de n'en être pas coupables

---

[1 ms: l'interest]

envers la Nation? Les voyez-vous assurés tout-à-la-fois du Peuple par le prétexte de la Religion, des Troupes par le commandement qui leur en a été confié, & des Grands par la facilité de les corrompre avec les trésors dont on les a rendus les dépositaires? Que devient Votre Majesté seule avec un enfant de dix ans?... Il est dangereux de laisser vivre les Princes, soit; mais il est bien plus dangereux d'armer des Étrangers, des hommes sans principes & sans patrie, & qui ne regardent la France que comme une conquête.

LA REINE. L'agitation de mon ame est extrême; je ne crains point les suites du parti que j'aurai pris, quel qu'il soit, je compte pour rien les dangers;[1] mais je crains de me tromper, & l'irrésolution seule me gêne: vous m'offrez des inconvéniens de toutes parts, vous ne me présentez point de remédes.

LA D. DE MONTPENSIER. Il n'en est qu'un: de vous réconcilier sur le champ avec le Roi de Navarre.

LA REINE. Et comment?

LA D. DE MONTPENSIER. La chose est plus avancée que vous ne le croyez; je l'ai vû, je sais ses intentions, elles sont aussi droites qu'elles sont nobles. Le Roi de Navarre vous abandonne toute l'autorité, sous la seule condition de vous unir à son frere & à lui contre Messieurs de Guise.

LA REINE. Mais son frere!

LA D. DE MONTPENSIER. Il en répond: après tout, le Prince de Condé est condamné; vous n'avez qu'à laisser agir ses Juges, il n'a plus de ressource: qu'il connoise que vous lui sauvez la vie, il y a encore un moment pour qu'il vous en sache gré, & tant que le Roi vit son salut est votre ouvrage: mais après la mort du Roi vous sentez bien que lui & son frere vous devront moins; c'est le sentiment de Monsieur de l'Hospital: il a entretenu, ainsi que moi, le Roi de Navarre; il est prudent, il voit bien, & il vous parle par ma bouche, pour ne pas donner d'ombrage à Messieurs de Guise en se montrant ici trop souvent.

[1 ms: les dangers ne me sont rien]

LA REINE. Je veux entretenir le Roi de Navarre.

_{De Thou,}
_{Mezerai,}
_{Daniel.}

LA D. DE MONTPENSIER. Ce Prince vous conseille de hâter la marche du Connétable qui ne s'avance que lentement vers cette Ville, afin que par sa présence & par le droit de sa Charge, il fasse cesser ici tout autre commandement que le vôtre.

LA REINE. Il faut que je le voye, & que je juge par moi-même de ses dispositions.

LA D. DE MONTPENSIER. Vous en serez contente.

LA REINE. Nous verrons.

SCENE XI

Le Théatre représente la Tour où le Prince de Condé est prisonnier; toutes les fenêtres sont grillées, & sa chambre n'est éclairée que par une lampe.

LE PRINCE DE CONDÉ *seul.* Voilà donc où tout aboutit! Me voilà parvenu à ce terme si redouté!... Tous les hommes l'attendent, & moi je m'y suis précipité! A trente-neuf ans... mon[1] histoire est finie! Je vais grossir la foule des Princes qui ont vécu; à peine se souviendra-t-on de moi, & peut-être me confondra-t-on avec les autres hommes de ma race... Vanité des choses périssables! On bâtit sur l'avenir, c'est-à-dire sur ce qui n'est pas encore, sur le néant... Qu'est-ce, après tout, qu'il me faut quitter? Une vie pénible & traversée. A quoi me faut-il renoncer? A des espérances qui ne se réalisent point. Le Soleil renaît tous les jours, & il ne me ramene jamais ce que j'attens. Que pourrois-je regreter? Hélas! Une femme aimable, & qui ne vivoit que pour moi; une femme que mes égaremens n'ont jamais détachée de moi un seul instant! Ainsi donc je n'ai à perdre que je seul objet qui pouvoit me rendre heureux, & le seul que je n'ai pas sû posséder! Et toi, mon unique espérance, toi, mon fils, en qui je me voyois renaître, toi, que peut-être je n'aurois fait qu'égarer, puisses-tu profiter de mon

---

[[1] ms: ans, c'est être bien jeune! mon]

malheur, & reconnoître qu'il n'y a que deux biens solides dans ce monde, d'être fidéle à son Dieu & à son Roi! Mais quoi, mes Juges auront-ils bien l'audace de me condamner, & les Guises la témérité de me faire périr? Voici le moment où je vais apprendre mon sort! J'entens quelqu'un.

SCENE XII

Le Prince de Condé
Marillac

LE P. DE CONDÉ. C'est vous, Marillac! Hé bien... vous ne me répondez pas, & vous pleurez? C'en est donc fait!... Permettez-moi d'écrire un mot à la Princesse de Condé... [*Il s'assied pour écrire, & dans le moment il apperçoit une lettre sur la table.*] Que vois-je? Ouvrons. [*Il lit.*] *Les choses ont bien changé; on travaille pour vous, espérez tout de la Reine.* Quel est l'ange tutélaire qui a percé l'horreur de ma prison? Ah! Marillac.   Varillas.

MARILLAC. Seigneur, je l'ignore; mais ce qui se passe pourroit expliquer ce que l'on vous écrit. Le Roi est fort mal, & on n'en attend plus rien: on a hâté l'Arrêt de votre condamnation,[1] mais vos Juges différent de le signer: Messieurs de Guise paroissent remplis de terreur, & la Reine garde le silence.

LE P. DE CONDÉ. Voyez-la, s'il est possible, & dites-lui que si j'ai fait des fautes, je suis en état de les réparer, qu'elle compte sur ma parole; assurez-la que je regarde comme mes ennemis ceux de l'État, & les siens.

---

[1] Le Laboureur rapporte que Louis de Beuil Comte de Sancerre, refusa de signer l'Arrêt, & que le retardement que cela causa aida au salut du prisonnier: d'autres veulent que le Chancelier & le Président Guillard-du-Mortier différerent de signer pour la même raison; mais M. de Thou qui me décide ordinairement dans les faits incertains, croit que l'Arrêt de mort fut dressé, & non signé.

[Voir *Mémoires de Michel de Castelnau*, I, 514; et Thou, *Histoire universelle*, III, 576.]

SCENE XIII

Le Roi de Navarre
Le Prince de Condé
Marillac

LE ROI DE NAVARRE. Seigneur, le Roi est mort;[1] vous êtes libre, & vos ennemis sont confondus. Venez voir la Reine, venez lui rendre grace d'une vie qu'elle vous a conservée, & que vous ne devez plus perdre que pour elle.

Fin

---

[1] François II. mourut le 5. Décembre. On ne sauroit mieux peindre les courtisans d'alors, ni mieux faire sentir combien l'ambition avoit amorti tous les sentimens, que de raconter ce qui se passa à la mort de ce Prince. C'est Mezerai qui parle. « Tous les Grands de la Cour étoient si occupés à leurs propres affaires, que ni sa mere, ni ses oncles ne prirent le soin de ses funérailles. De tant de Seigneurs & de tant d'Evêques qui étoient à Orléans, il n'y eut que Sansac & la Brosse qui avoient été ses Gouverneurs, & Louis Guillard Evêque de Senlis, qui étoit aveugle, qui conduisirent son corps à Saint Denis. Son cœur demeura à l'Eglise de Sainte Croix à Orléans. Les Guises s'excusérent de ne l'avoir pu accompagner, sur le besoin qu'ils avoient de demeurer auprès de leur niéces pour la consoler; mais ils ne furent pas exemts de reproche: ceux qui avoient plus de sentimens d'honneur que d'ambition, les blâmoient de rendre si peu de devoir à celui dont ils avoient reçu tant d'honneur. Aussi se trouva-t-il un billet attaché sur le poele du cercueil, où il y avoit ces mots, *Tannegui du Chastel, où es-tu?* »

Nous trouvons l'explication de ces mots dans l'Histoire de Bretagne de d'Argentré. « Voyant les Officiers la fin du Roi Charles VII. s'approcher, & connoissant qu'ils venoient à tomber entre les mains d'un Prince fort soupçonneux, tous abondonnerent le Roi Charles VII. dès son vivant, l'un après l'autre, tellement qu'à grand peine il en demeura pour son service ordinaire, ne lui en restant qu'un seul fidele, loyal & ferme, qui fut Messire Tannegui du Chastel Grand Ecuyer de France, lequel, au péril de ce qui en pouvoit advenir, se tint à son service, & l'accompagna jusqu'à la fin, &c. »

[Ces deux citations sont exactes. Voir Mezeray, *Abrégé chronologique de l'histoire de France*, 6 vols (Amsterdam: Abraham Wolfgang, Antoine Schelte, 1688-96), V, 33; et Bertrand d'Argentré, *L'Histoire de Bretagne, des Roys, Ducs, Comtes, et Princes d'icelle, depuis l'an 383 jusques au temps de Madame Anne Reyne de France derniere Duchesse*, troisième édition (Paris: Nicolas Buon, 1618), pp. 852-53.]

NOTES NOUVELLES[1]

I. La Duchesse d'Angoulême, qui logeoit au Palais des Tournelles, ayant trouvé l'air mauvais, vint se loger dans l'Hôtel de Nicolas de Neuville (Chevalier) Secretaire des Finances, & Audiancier de France. Cet Hôtel étoit situé entre la Seine & la Porte Saint-Honoré, qui étoit alors moins avancée qu'elle ne l'a été depuis lorsqu'on l'a abattue, & il occupoit à peu près la place où est aujourd'hui le Palais des Tuilleries; le Roi voyant que sa mere y avoit recouvré la santé, acheta cet Hôtel. Henri II. logea depuis au Palais des Tournelles, & Catherine de Médicis le fit abattre après la mort de Henri II. & commença à bâtir le Palais des Tuilleries.

II. On sait que Henri II. fut tué dans un tournois par Montgomeri. Forcé de quitter la Cour après un si grand malheur, il se jetta dans le parti des Huguenots, & fut pris les armes à la main (*V. le nouv. Abr. chr. au commencement du régne de Henri III.*)[2] La Reine, en vengeance de la mort de son mari, le fit condamner depuis à perdre la tête, malgré l'amnistie qui avoit été accordée. Ses enfans par le même Arrêt furent déclarés roturiers, ce qui lui fit dire cette belle parole en mourant: « S'ils n'ont la vertu des nobles pour s'en relever, je consens à l'Arrêt. »

III. On voit dans l'Église Cathédrale de Rouen, au côté gauche de la Chapelle de la Vierge, un Mausolée de l'ordre Corinthien qu'elle avoit fait élever à Louis de Brezé son mari, avec quatre vers, où elle lui promet de lui tenir aussi fidele compagnie après sa mort qu'elle avoit fait de son vivant: elle ne croyoit pas si bien dire, puisqu'après en avoir été séparée pendant sa vie, elle le fut encore après sa mort. Elle avoit pour ayeule, Marie fille naturelle de Louis XI. & de Marguerite de Sassenage. C'étoit une espéce de filiation de galanteries, tout comme la Marquise de Verneuil, maîtresse de Henri IV. étoit fille de Marie Touchet, maîtresse de Charles IX.

IV. Cette fille étoit de Touraine: le Roi n'étant encore que Dauphin en devint amoureux à un voyage qu'elle fit en Dauphiné,

---

[1 ms, A et B: notes absentes.]

[2 « Montgoméri, pris les armes à la main dans Domfront sous le Régne précédent, est condamné à la mort comme criminel de Leze-Majesté » (*Abrégé*, I, 516).]

en qualité de fille d'honneur d'Isabelle de Lorraine, femme de René Roi de Naples & de Sicile, lorsque cette Princesse vint demander du secours contre le Comte de Vaudémont qui avoit fait son mari prisonnier. Monstrelet a prétendu que cette passion n'avoit jamais passé les bornes légitimes. « L'amour, dit-il, que le Roi lui montroit, étoit pour les folies, ébattemens, joyeusetés, langage bien poli qui étoit en elle, & aussi qu'entre les belles, elle étoit la plus belle. »[1] Les termes de la Chronique de Saint Denis, qui est un ouvrage du tems de Charles VII. disent la même chose. « Durant cinq ans que la belle Agnès demeura avec la Reine, le Roi ne la fréquentoit aucunement qu'en grande compagnie, & jamais en l'absence de la Reine, n'ayant jamais usé envers elle d'aucune contenance libre, non pas même de lui toucher au-dessous du menton; & après les *ébats* Charles se retiroit en son logis, & la belle Agnès au sien. »[2] Tout cela seroit bon si elle n'en avoit pas eu deux enfans; mais ce qu'on en peut conclure, c'est qu'il falloit qu'elle se fût bien conduite à la Cour, où elle avoit été honorée & estimée. Elle avoit l'âme élevée & aimoit sur-tout la gloire du Roi: voyant qu'il s'occuppoit trop d'elle & trop peu de son Royaume; elle eut un jour le courage de lui dire qu'elle vouloit bien être la maîtresse d'un Roi, mais non pas celle d'un particulier: aussi sa mémoire fut-elle célébrée par les Poëtes long-tems encore après elle, même par François I. dont Saint-Gelais rapporte un Quatrain que ce Prince fit à son honneur. On la nommoit sur la fin *Dame de Beauté*. C'étoit le nom d'un Château proche Vincennes que le Roi lui avoit donné, & qu'elle méritoit bien de porter.

V. Louis I. Prince de Condé étoit le septiéme fils de Charles de Bourbon Comte de Vendôme, & fut la tige de la branche de Condé. Il étoit le frere d'Antoine de Bourbon pere de Henri IV. & de onze autres freres ou sœurs. Ce Charles de Bourbon, Comte de Vendôme, bien loin d'imiter la révolte du Connétable de Bourbon son cousin, n'en fut que plus fidéle au Roi & à Catherine de

---

[1 Citation légèrement modifiée: « Aussi l'amour que le Roy luy monstroit, estoit pour les folies, esbattemens, joyeusetez & langaige bien poly qui estoient en elle: & aussi qu'entre les belles, elle estoit tenue pour la plus belle du monde. » Voir *Chroniques d'Engueran de Monstrelet, depuis 1400, jusqu'en 1516*, avec des annotations de Denis Sauvage (Paris, P. L'Huillier, 1572), III, 25r; voir Hénault, *Catalogue*, numéro 1346.]

[2 Citation non retrouvée.]

Médicis. Louis I. eut deux femmes, Eléonor de Roye & Françoise d'Orléans Longueville. De la premiere il eut, entr'autres enfans, Henri I. Prince de Condé, & de la seconde, le Comte de Soissons. Il fut accusé de la conjuration d'Amboise; mais il excita sous Charles IX. les trois premieres Guerres civiles: il fut pris & blessé à la bataille de Dreux en 1562. il perdit celle de Saint Denis en 1567. & fut tué de sang froid à 40. ans à la bataille de Jarnac: il avoit fait frapper à son coin une monnoie d'or & d'argent avec cette inscription: *Louis XIII. Roi de France, premier Chrétien.* Il fut pere de Henri I. empoisonné, dit-on, par sa femme Charlotte de la Trimouille, grand-pere de Henri II. mari de Marguerite de Montmorenci, dont la sagesse égala la beauté, & bisaïeul du grand Condé; le grand Condé fut pere de M. le Prince; M. le Prince le fut de M. le Duc, pere de M. le Duc qui fut quelque temps premier Ministre, pere de M. le Prince de Condé d'aujourd'hui.

VI. Il mourut en 1574. « Esprit, dit d'Aubigné, sans borne, craintif de sa vie, prodigue de celle d'autrui: quelques-uns ont écrit que la Reine étant de nouveau entrée en soupçon contre la maison de Lorraine, avoit pratiqué cette mort par les mains de Saint Nicaise (grand empoisonneur) estimé bâtard du Cardinal. »[1]

VII. « Le Roi (François I.), dit Brantosme, se plaignant au Nonce pour quelque chose, lui dit que, s'il ne le contentoit, il permettroit la nouvelle Religion de Luther dans son Royaume. Cet Ambassadeur lui répondit; franchement, Sire, vous en seriez marri le premier, & vous en prendroit très-mal, & y perdriez plus que le Pape; car une nouvelle Religion mise parmi un peuple, ne demande après que le changement du Prince. A quoi songeant incontinent le Roi, il embrassa ledit Nonce, & dit qu'il étoit vrai, & l'en aima toujours depuis. Voilà pourquoi le grand Soliman défendit celle de Luther, comme la peste, se fondant sur les mêmes raisons. »[2] L'Amiral de Coligni & Strozzi causant ensemble sur les moyens de

---

[[1] Le texte original de d'Aubigné est plus piquant: « esprit sans bornes, & très-riche, craintif de sa vie, prodigue de celle d'autrui [...]. Quelques uns ont osé écrire que la Reine estant de nouveau entree en soupçon contre la maison de Lorraine, avoit practiqué ceste mort par les mains de S. Nicaise, estimé bastard du Cardinal, & ce par un present de double ducats, parfumez.' Voir D'Aubigné, *Histoire Universelle* (1626), II, 718. Voir Hénault, *Catalogue*, numéro 1424.]

[[2] Voir Brantôme, *Œuvres*, IV, 294.]

détruire la Monarchie, Strozzi lui dit que le meilleur étoit de détruire la Religion Catholique.

VIII. Le discours que tient ici le Roi de Navarre est bien conforme au caractere qu'on lui donne dans l'histoire. On raconte que ce Prince avoit deux Médecins, l'un Catholique, l'autre Protestant, qui vouloient l'attirer chacun à sa Religion; que le premier, lorsqu'il fut prêt de mourir, le fit confesser à l'Official de Rouen, & lui fit recevoir le saint Viatique à la façon de ses ancêtres; que le second, lui faisant la lecture du Livre de *Job*, en prit occasion de lui reprocher sa tiédeur & son indifférence en matiere de Religion: on ajoute que ce Prince déclara au dernier que, s'il recouvroit sa santé, il embrasseroit publiquement la Confession d'Ausbourg.[1] Cette histoire inventée par quelque Protestant est bien détruite par Brantosme. « La Reine de Navarre, dit-il, femme d'Antoine de Bourbon, souffroit impatiemment que le Roi Antoine de Bourbon se fut fait Huguenot, lui disant que, s'il vouloit se ruiner & se faire confisquer tout son bien, elle ne vouloit point perdre le sien, ni si peu qui lui restoit du Royaume des Rois ses prédécesseurs, lesquels pour l'hérésie, avoient perdu le Royaume de Navarre... puis elle changea bien après, ainsi que son mari, car celui-ci se changea en Catholique, & elle se changea en Huguenotte très-forte ».[2]

IX. La Reine Marguerite sa sœur disoit de lui, quoiqu'elle l'eût beaucoup aimé, qui si toute l'infidélité étoit bannie de la terre, il la pourroit repeupler.

[1 C'est la profession de foi présentée par les Luthériens à Charles-Quint à Ausbourg en 1530.]

[2 Citation inexacte. « La reyne de Navarre pour lors, qui estoit jeune, belle & tres-honneste Princesse, et qui aimoit bien autant une dance qu'un sermon, ne se plaisoit point à ceste nouveauté de religion, et tant qu'on eust bien dict; et pour ce, que je tiens de bon lieu qu'elle le remonstra un jour au roy son mary, et luy dist tout à trac que, s'il se vouloit ruyner et faire confisquer son bien, elle ne vouloit point perdre le sien, ny si peu que luy estoit resté du royaume des roys ses prédécesseurs, lesquelz pour l'hérézie avoient perdu le royaume de Navarre [...]. La reyne sa femme changea bien après; car son mary se changea en catholique, et elle se changea en huguenotte tres-ferme. » Voir Brantôme, *Œuvres*, IV, 362-63.]

X. Pour Charles IX. connu tout à la fois par son amour pour les lettres & par la saint Barthélemi, (*V. le N. Abr. chr. an. 1574.*)[1] Deux choses contribuerent principalement à détruire la bonne éducation que lui avoit donnée le brave Cipierre, 1°. Les conseils du Maréchal de Retz, Florentin, un des plus méchans hommes de ce tems-là:[2] 2°. L'amour effréné de la chasse. Cette passion l'avoit rendu cruel, & avide de sang; il se plaisoit à tuer jusqu'aux animaux domestiques; & un jour qu'il alloit tuer le mulet d'un de ses favoris. « Quel différent, Roi très-Chrétien, lui dit-il, peut être survenu entre vous & mon mulet? »[3]

XI. La mort de Jeanne d'Albret mere de Henri IV. avoit ouvert quelques jours auparavant la scene tragique de la Saint Barthélemi; mais je n'ai pas voulu en parler, parce que j'ai craint d'interrompre la suite des événemens & de mêler à ce tableau un personnage moins intéressant, & qui y étoit étranger, je me contenterai d'en parler dans cette Note.

Jeanne d'Albret, fille unique & héritiere de Henri d'Albret Roi de Navarre, avoit épousé Antoine de Bourbon qu'elle fit Roi de Navarre, & qui mourut en 1562. d'une blessure reçue au siége de Rouen. Henri IV. depuis Roi de France, étoit leur fils. On sait qu'il épousa Marguerite fille de Catherine de Médicis & sœur des Rois François II. Charles IX. & Henri III. Ce fut quelques jours avant la célébration du mariage de Henri & de Marguerite que Jeanne d'Albret mourut. L'Étoile a prétendu qu'elle avoit été empoisonnée par des gants que lui avoit vendus un parfumeur Milanois nommé René. M. de Thou laisse la chose en doute, & Claude Régin, Évêque d'Oléron, dans un Journal manuscrit de la vie de cette Princesse, loin de parler de cet empoisonnement, ne donne même aucun lieu d'en former le moindre soupçon; il dit qu'elle mourut le 9 Juin d'une pleurésie qu'elle avoit gagnée le 3 du même mois, par les mouvemens extraordinaires qu'elle s'étoit donnés dans l'achat des habits de noces pour le mariage de son fils Henri avec

---

[1 Voir Hénault, *Abrégé*, I, 514.]

[2 Voir Hénault, *Abrégé*, I. 514.]

[3 Citation non retrouvée, mais voir aussi Thou qui écrit que la fureur de Charles IX « pour la chasse & l'habitude qu'il avoit contractée de tremper sa main dans le sang des bêtes, lui inspirérent d'abord des sentiments féroces, qui insensiblement le portérent à la cruauté » (*Histoire universelle*, VII, 64).]

Marguerite de Valois. Charles IX. voulut que son Corps fût ouvert: on n'y trouva aucun indice de poison, mais on y remarqua la cause certaine de sa mort dans un abcès au côté, que la pleurésie avoit formé; il faut cependant remarquer, que l'on n'ouvrit pas la tête, quoique le Roi l'eût ordonné expressément. D'Aubigné ne fait aucun doute qu'elle n'ait été empoisonnée, & nous laisse un bel éloge de cette Princesse. « N'ayant de femme que le sexe, l'ame entiere aux choses viriles, l'esprit puissant aux grandes affaires, le cœur invincible aux grandes adversités. »[1]

Le massacre de la Saint Barthélemi, qui suivit de près la mort de Jeanne d'Albret, a fourni des relations improbables; &, pour ne parler que de la part que le Roi y prit, j'exposerai ici quelques réflexions. « Ce Prince depuis ce jour, dit Brantôme, parut tout changé, & disoit-on qu'on ne lui voyoit plus au visage cette douceur qu'on avoit accoutumé de lui voir. »[2] Cette remarque de Brantôme autoriseroit l'opinion, que Charles IX. n'avoit cédé que par foiblesse à cette horrible exécution, & que, s'il parut plus animé qu'aucun lors du massacre, c'étoit par la violence de son humeur qui étant une fois échauffée, portoit tout à l'extrême; ainsi je trouverois assez de vraisemblance, à ce que dit l'auteur des Mémoires de Sulli, « Que Charles IX, qui véritablement n'avoit appellé l'Amiral à Paris que pour le perdre avec tous ses Huguenots, se laissa ébranler par ses discours; qu'il revint, & peut-être plus d'une fois, à embrasser tour-à-tour les deux partis opposés qu'on lui proposoit, & que tous ces discours d'un & d'autre côté le jettoient dans une irrésolution, dont il ne sortit que par l'effet d'une fougue dont Catherine sut habilement profiter. »[3] Gomberville dans sa Préface sur les Mémoires de Nevers, dit, que ce qui détermina le Roi à cette exécution, fut l'extrême jalousie qu'il avoit de son frere, dont le mariage se traitoit avec la Reine Elisabeth, & qu'il ne trouva pas de plus sûr moyen de le rompre, que d'exciter la colere de cette Reine par la destruction des Protestans.[4] Autant

---

[1 Hénault ajoute le mot « grandes » au texte de d'Aubigné; voir *Histoire universelle*, II, 531.]

[2 « Depuis il se rendit tout changé, et disoit-on qu'on ne luy voyoit plus au visage ceste douceur qu'on avoit accoustumé de luy voir » ; Brantôme, *Œuvres*, V, 258.]

[3 Voir Maximilien de Béthune, duc de Sully, *Mémoires* (Londres, 1747), I, 23. voir Hénault, *Catalogue*, numéro 1421.]

[4 Voir Nevers, *Mémoires*, I, p. xix.]

d'Ecrivains, autant d'opinions différentes sur cet horrible événement. Brantôme prétend que ce furent les menaces que firent les Protestans, & entr'autres Téligni, de venger la blessure que venoit de recevoir l'Amiral son beau-pere, qui jetterent l'allarme dans la Cour, & qui firent prendre le parti de cette sanglante exécution. Brantôme ajoute que c'étoit l'opinion de la Noue & de Strozzi.

XII. A ce propos j'ai lû, que, « quand cette Princesse fut évadée da la Cour & assiégée dans un fort Château par le Marquis de Canillac, à qui elle fut contrainte de se rendre par famine, ce Marquis de Canillac l'assura qu'il n'avoit commandement que de lui faire le plus honorable traitement qu'il lui seroit possible, mais qu'il falloit qu'il eût un Capitaine, qu'elle avoit fait mucer (cacher) en un coin de manteau de cheminée: elle nia long-tems de savoir où il étoit; enfin le voyant résolu d'abattre la maison pour le trouver, d'autant qu'on l'avoit vû entrer, n'en sortir, elle le décela, & voyant qu'on le vouloit mener au Roi, qui le fit pendre, elle en tint des discours bien aigres, & entr'autres dit de lui, *il se plaint que je passe mon tems,*[1] *& ne sait-il pas que c'est lui qui m'y a accoutumée;* s'il ne tenoit qu'à cela de lui déplaire, que je pusse le bien fâcher, je m'en irois à Rome vivre en courtisanne. » (Tiré des portes-feuilles de Dupuy.)[2]

« L'Evêque de Grasse, son Aumônier, avoit appris d'elle en discours bien familier & bien confidemment que l'institution de l'Ordre du Saint-Esprit, avoit été faite pour l'amour d'elle, & de fait que les couleurs de l'Ordre étoient les siennes propres, savoir est, le verd naissant, le jaune doré, le blanc, le bleu ou violet, que les chiffres des doubles *m m* étoient pour elle, comme aussi le Δ & les *H* pour Henri III. qu'en effet il l'avoit grandement aimée, sans qu'elle y eût aucune inclination... oui bien ses autres freres Charles, & M. d'Anjou, lesquels elle avoit aimés grandement, &c. »[3]

XIII. Louis I. Prince de Condé auroit péri à la Saint Barthélemi sans deux circonstances, l'une, que le Duc de Nevers se fit sa

---

[1 Phrase incomplète?]

[2 Citation non retrouvée.]

[3 Citation non retrouvée.]

caution, l'autre, que Catherine de Médicis ayant consulté un certain Cosme Ruggieri prétendu Astrologue sur la nativité de ce Prince, & sur celle du Roi de Navarre, Ruggieri l'assura qu'elle n'en avoit rien à craindre.

XIV. Burnet cite un Mémoire de Krouke Trésorier de Henri VIII. où il employa à un Religieux, pour avoir signé, *un écu*, aux Docteurs *deux écus*, & au couvent *quatre écus*. Mais on connoît Burnet.[1]

XV. Et quant à l'Amiral de Coligni, que je compare au Prince d'Orange, quoiqu'en ayent dit ses ennemis nombreux & puissans, qu'il se servît du prétexte de la Religion de Calvin pour couvrir son ambition, & quoiqu'en ait écrit d'Avila sur ce sujet,[2] il étoit fortement persuadé de sa croyance, & n'a fait principalement la guerre que pour la soutenir. Ses plus familiers amis qui l'ont observé n'en ont jamais douté, & les prieres ardentes qu'il fit au moment de sa mort, ainsi que plusieurs lettres à ses confidens & à ses proches, qui sont de fidelles peintures de l'ame, le prouvent assez. (*Amelot de la Houssaye*.)

XVI. On peut voir l'éloge du Chancelier de l'Hôpital dans le *nouvel abrégé Chronologique* à l'année 1568.[3] Ce fut un des plus grands hommes de notre Monarchie; cependant il a été attaqué, non sur les mœurs, ni sur son savoir ni sur son courage, mais sur la Religion. « Je n'ai garde, dit Bayle dans ses *pensées sur la Comete*, de mettre le Chancelier de l'Hôpital au nombre des Athées, car je ne doute pas qu'il n'ait été bon Chrétien, mais je dirai seulement qu'il a été soupçonné de n'avoir pas de Religion, quoiqu'il n'y eût rien de plus austere, de plus grave, rien de plus composé que sa mine, & qu'il vécut exemplairement: M. de Beauvais de Peguillon Evêque de Metz. (*Comment. rerum Gallic. lib. 28, N° 51*) l'accuse tout franc d'athéisme; *Homo quidem doctus sed nullius Relligionis*,

---

[1 On n'a pas retrouvé la référence exacte, mais Hénault possédait un exemplaire de son *Histoire de la Réformation de l'Eglise d'Angleterre* (Amsterdam, 1687); voir Hénault, *Catalogue*, numéro 1178.]

[2 On n'a pas retrouvé la référence exacte, mais Hénault possédait trois exemplaires de son *Histoire des Guerres civiles de* France; voir Hénault, *Catalogue*, numéros 1407, 1408 et 1409.]

[3 Voir Hénault, *Abrégé*, I, 504-07.]

aut, ut vere dicam, Αθεος. Il est vrai que son témoignage est un peu suspect, à cause de son attachement au Cardinal de Lorraine dont il avoit été Précepteur, »[1] & que l'on sait qu'il n'aimoit pas le Chancelier de l'Hôpital. Outre cela un premier Magistrat qui, dans ces tems de troubles, se trouvoit sans cesse entre deux Religions, dont il devoit ménager les chefs, s'il ne vouloit pas voir périr l'État, étoit bien exposé à se voir soupçonner par les deux partis, de n'en avoir aucune. On peut voir une Lettre de cet illustre Chancelier écrite au Pape, & son testament; mais Bayle n'avoit garde de manquer une occasion de grossir le nombre des Athées.

XVII. Le Roi de Navarre avoit été averti qu'il devoit être assassiné lorsqu'il entreroit chez le Roi, & il en prévint le nommé Cotin son valet de Chambre, en lui disant: « Cotin, si on me tue de sang froid, ainsi que j'ai eu avis que mes ennemis ont résolu de faire, je t'en charges, qu'étant tué, tu trouves moyen d'avoir ma chemise, avec mon sang, & que tu la montres à mon fils… Le Roi, quand il entra, lui tint de rudes paroles; mais Antoine répondit avec tant de douceur & de modération »[2] que François II. fut désarmé, & n'osa donner le signal dont on étoit convenu pour l'assassiner; la Reine Jeanne auroit voulu que le Roi son mari s'en fût retourné en Béarn, mais il resta à la Cour, & elle en partit, pour y vivre librement dans la nouvelle Religion, où elle s'étoit livrée, laissant à son fils pour Précepteur, la Gaucherie, fort docte aux Langues Grecques, &c.

On lira avec plaisir l'extrait d'une Lettre qui fera connoître les mœurs de la Cour depuis Henri II. jusqu'à la mort de Catherine de Médicis & de ses enfans. C'est la Reine Jeanne d'Albret qui écrit à son fils (depuis Henri IV.) quelques mois avant qu'il épousât Marguerite.

« J'ai trouvé votre Lettre à mon gré; je la montrerai à Madame (Marguerite,) si je puis. Quant à sa peinture je l'envoirai querir à Paris; elle est belle, & bien avisée, & de bonne grace; mais nourrie en la plus maudite compagnie & corrompue qui fut jamais. Car je

---

[1 Il s'agit, en fait, de Mr de Beaucaire de Peguillon, auteur de *Rerum Gallicum comentarii* (Lyon, C. Landry, 1665). Voir Pierre Bayle, *Pensées diverses, écrites à un Docteur de Sorbonne, à l'occasion de la comete qui parut au mois de Decembre 1680* (Rotterdam: Chez les Héritiers de Reinier Léers, 1621) II, 61; voir Hénault, *Catalogue*, numéro 379.]

[2 Citation non retrouvée, mais voir aussi Thou, *Histoire universelle*, III, 571.]

n'en vois point qui ne s'en sente. Votre cousine, la Marquise, en est tellement changée, qu'il n'y a apparence de Religion, sinon d'autant qu'elle ne va pas à la Messe. Car au reste de la façon de vivre, elle fait comme les Papistes, & ma sœur la Princesse encore pis. Je vous l'écris privément: ce porteur vous dira comme le Roi s'émancipe: c'est pitié. Je ne voudrois pas, pour chose du monde, que vous y fussiez pour y demeurer. Voilà pourquoi je desire vous marier, & que vous & votre femme vous vous retiriez de cette corruption; car encore que je la croyois bien grande, je la trouve encore davantage. Ce ne sont pas les hommes ici qui prient les femmes, ce sont les femmes qui prient les hommes... Je vous envoye un bouquet pour mettre sur l'oreille, puisque vous êtes à vendre, & des boutons pour un bonnet. Les hommes portent à présent force pierreries. »[1]

Cette lettre fut écrite par Jeanne d'Albret: elle étoit fille de Marguerite sœur de François I, laquelle après la mort du Duc d'Alençon, dont elle n'eut point d'Enfans, épousa Henri, Roi de Navarre, & fut mere de Jeanne d'Albret son unique héritiere de la Navarre. Jeanne épousa Antoine de Bourbon qu'elle rendit Roi de Navarre, & fut mere de Henri IV. Cette Princesse attirée à Paris par le mariage de son fils, mourut en 1572, âgée de 44 ans.

Elle étoit à la tête du parti Huguenot & fort instruite, comme c'étoit la mode alors introduite par les réformateurs qui par-là avoient fort avancé la séduction. Le Prince de Navarre étoit en chemin pour la Cour quand il reçut la nouvelle de sa mort, & ne laissa pas de continuer son voyage. Il prit dès lors le titre de Roi de Navarre.

Je finirai ces *Notes* par une remarque qui me regarde. Lorsque cet Ouvrage parut pour la premiere fois, on me fit une question sur ces dernieres paroles du Prince de Condé, « voyez-la (*en parlant de la Reine*,) s'il est possible, & dites-lui, que si j'ai fait des fautes, je suis en état de les réparer; qu'elle compte sur ma parole; assurez la

---

[1 La citation est presque exacte, puisque dans l'original on lit: « Car au reste de la façon de vivre, hormis l'idolatrie, elle fait comme les Papistes... ». Voir Castelnau, *Mémoires*, I, 860.]

que je regarde comme mes ennemis ceux de l'État & les siens ». Comme en effet il paroît un peu de foiblesse dans les avances que fait à la Reine le Prince de Condé, suivant son caractere de hauteur établi dans la Piece, je répondis que j'avois copié ses propres paroles, & on me permettra d'en tirer un avantage, pour la croyance que l'on doit ajouter au reste de la Piece.

Appendice

Extraits des 'Observations sur la tragédie en prose, intitulée *François II, roi de France*', qui figurent parmi les 'Mémoires et extraits concernant les règnes de Henri II et de François II' (Fr. 20837, Bibliothèque nationale).

Ce n'est pas avoir rendu service à la mémoire litteraire du celèbre Président Hénault que de l'avoir indiqué comme l'auteur de ce drame anonyme dans la Bibliothèque historique de la France. On a vû dans l'article precedent un échantillon des meprises où cet ecrivain est tombé dans l'esquisse du Regne de François II qui fait partie de son nouvel abregé chronologique de l'histoire de France. Mais ce n'est rien en comparaison des fautes de toute espece dont fourmille le drame historique intitulé François II.

On a critiqué cet auteur de s'être essayé dans un genre qui n'avait reüssi que dans une Nation dont les mœurs ne souffrent pas moins apparemment l'assujettissement aux Regles de l'art que je joug du gouvernement politique; genre d'ailleurs manié par un Poëte qui malgré ses inégalités avoit veritablement la tete Tragique.

Mais cette critique n'est pas de notre objet. Nous louerions au contraire l'auteur de ce drame de ses efforts si l'execution de son plan eut repondu à l'idée qu'il en avoit conçue et aux promesses qu'il fait dans sa preface. Tout ce que nous lui reprochons c'est d'avoir abandonné son plan et d'avoir manqué de parole sur presque tous les points sur lesquels il avoit promis d'être exact, en un mot d'avoir donné au public un froid tissu de mensonges historiques sous le titre de drame historique. [...]

S'il falloit avoir recours à l'auteur du Drame historique pour bien connoitre les vrais motifs de ceux qui ont agi, on les connoitroit bien moins que par l'histoire. Car ce n'est pas assez de dire que l'ambition des Grands étoit le motif de leurs actions. On sait que de tout tems l'interet a eté le mobile des actions des hommes, mais l'auteur ne fait pas mention des deux premiers motifs qui ont influé sur les evenemens de ce Regne, savoir du côté des Religionnaires le desespoir où les avoit jettés la persecution et le projet connu de leur entiere destruction arrêté dès la fin du Regne de Henri II, et du côté des Catholiques l'apprehension assez bien fondé que les Religionnaires Protestans etant devenus plus forts ne renversassent l'ancienne Religion à laquelle tant de fortunes etoient attachées et ne se vengeassent cruellement des rigueurs avec lesquelles ils avoient été traittés.

En effet si la cour eut laissé les Religionnaires en paix, il leur auroit été assez égal que les Princes de Guise ou le Connetable ou les Princes du sang eussent été premiers Ministres; du moins l'on n'auroit jamais vû de conjuration d'Amboise et les querelles des Grands seroient degénerés en pures intrigues de cour. Si d'un côté les Protestantisme n'eut pas sappé les droits spirituels et temporels de l'Eglise Romaine, les catholiques auront pû supporter les protestans plus patiemment. Mais le desespoir des uns et la juste apprehension des autres ont rendu inconciliables deux partis qui avoient chacun pour motif l'interet de leur sureté et de leur conservation. Voilà ce que l'histoire nous apprend et qu'on ne voit pas dans le Drame historique. […]

La morale qui resulte des faits se reduit dans le Drame historique à ne se point laisser à l'ambition et a etre constamment fidele à son Dieu et à son Roi. Cette Morale est très bonne, mais independamment de ce que les Religionnaires de bonne foi croyoient être très fideles à leur Dieu, et pretendoient n'avoir pris les armes qu'en faveur du Roi qu'ils disoient etre obsedé par ses 1ers ministres; il y a un autre point de morale tres important qui resulte de l'histoire de ce Regne; c'est que la persecution et la violence en matiere de Religion non seulement sont contraires à l'esprit de la Religion, mais produisent meme en politique les effets les plus funestes, puisque le desespoir des Religionnaires a enfanté la conjuration d'Amboise, qui pouvoit couter à François II la couronne et la vie, et que la crainte de se voir exposé à une nouvelle persecution a occasionné la seconde conspiration dont le but n'etoit pas moins dangereux que celui de la premiere.

Il s'en faut de beaucoup que l'auteur du Drame historique de Fran. II ait *trouvé le secret d'instruire mieux que ne le fait l'histoire;* puisque la plupart des faits principaux ou ne s'y trouvent point, ou y sont tronqués ou sechement racontés.

Il n'a pas mieux trouver le *secret d'exciter dans l'ame des lecteurs* la *terreur* et la *pitié ces deux grands mobiles de la Tragédie*. Quant à la terreur, le pinceau de l'auteur est trop foible pour exprimer le *terrible*, et d'ailleurs les plaisanteries et les amourettes et les anecdotes triviales repandues dans le drame ne sont guère propres à exciter ce sentiment. Pour la *pitié*, on peut assurer que la lecture du drame n'excitera jamais celle qui est recommandée par les Maitres de l'Art. L'intention de l'auteur a sans doute été d'interesser le lecteur particulierement au Roi de

Navarre et au Prince de Condé, mais il n'a pas jugé à propos de faire connoitre le 1er. Il le fait parler 2 fois, la 1ere fois pour dire dans un conseil qu'il faut attendre un concile legitime avant de [mot illisible] pour les Protestans et la 2e fois pour annoncer au Prince de Condé son frere la mort de Franc. II et sa delivrance, et par où finit ce drame. Or on ne s'intéresse que foiblement aux personnages que l'on ne connoit pas. Quant au Prince de Condé l'auteur le fait connoître par de si mauvais côtés qu'il a moins d'interet que l'on prend naturellement à son sort. En effet il lui fait tenir des discours insolents, seditieux et factieux, et le represente sous les traits odieux d'un heretique rebelle qui reconnoit lui meme son malheur par l'imprudence et l'irrégularité de sa conduite. [...]

Il s'en faut donc de beaucoup que l'auteur du Drame l'ait executé sur le plan qu'il s'etoit proposé et qu'il n'appartenoit qu'à un nouveau Shakespear de remplir. [...]

Ce Drame intitulé François II, c'est suivant l'auteur, moins une tragédie qu'une nouvelle maniere de peindre les faits. Ce doit donc etre un tableau de ce Regne, et l'auteur a dit representer les principaux personnages qui ont eu part aux événemens les plus interessans de ce Regne. Voyons si l'ecrivain a rempli cette condition qu'exige la fidelité d'un Regne dans le choix des personnages qu'il fait paroitre sur la scene.

D'abord on est surpris dans un Drame historique de François II de ne pas voir François II au nombre des acteurs. L'auteur a beau dire que *ce Prince à peine sorti de l'enfance et toujours malade n'eut aucune influence dans les affaires de son Regne*, qui ne dura que 17 mois, et qu'il n'auroit pû jouer un rôle convenable dans cette Pièce. Il a beau citer ce qu'en dit Mezerai qui suppose que Fran. II fut appellé *sans vice* à cause d'une innocence de mœurs qui tenoit à l'imbecillité, cela ne dispensoit pas l'historien dramatique de faire paroître ce Prince dans deux ou trois occasions de ce Regne. Savoir dans les audiences qu'il donna au Connetable de Montmorency et au Roi de Navarre, dans lesquelles il ne parle point du tout en *imbecille*, dans l'assemblée des Grands à Fontainebleau où il présidoit, et où il ne se comporta point en *imbecille*, enfin, à l'arrivée du Roi de Navarre et du Prince de Condé à Orléans, enfin dans sa derniere maladie, lorsqu'il déclare au Roi de Navarre que les Princes de Guise n'avoient point de part à la prison ni au procès du Prince de Condé. Voila plus d'occasions qu'il n'en falloit pour faire paroitre ce Monarque sur la scene, et l'auteur introduit des personnages qui n'y paroissent pas si souvent, même le Roi de Navarre que l'on ne voit que deux fois pour y dire 4 mots chaque fois. [...]

On pourroit encore nommer plusieurs personnages qui auroient bien mieux figuré dans le Drame que plusieurs de ceux que l'auteur y a fait paroitre. En effet quelle figure y fait l'astrologue *Luc Gauric* qui n'est jamais venu en France et qui n'a predit aucun des evenemens de ce Regne. L'auteur demande grace pour ce personnage episodique sous pretexte qu'il s'en est servi pour prédire la St Barthelemy et l'assasinat de Henri III, mais quelle necessité dans un drame purement historique de parler de ces deux evenemens sous le Regne de François II dont il s'agit uniquement ?

Le personnage de la Roche du Maine est absolument inutile. Il n'a influé sur aucun evenement et n'a pas eû la moindre part aux affaires, l'auteur du Drame ne l'introduit pas sur la scene que pour y déprimer les exploits signales de François de Guise sous le Regne de Henri II. [...]

On y met la Duchesse de Guise parce que sa sensibilité ne lui permit pas de souffrir le spectacle des executions d'Amboise auquel assisterent suivant l'usage barbare du tems, la plupart des autres Dames de la Cour, mais ce trait n'influe sur rien: et l'auteur l'a si bien senti qu'il ne la fait paroître que pour faire part au lecteur de son inclination amoureuse pour le D. de Nemours, et pour médire de son mari et le quereller au sujet des Religionnaires et de la prison du Prince de Condé.

Mais les amours de la Duchesse de Guise pour le D. de Nemours sont purement l'invention de l'auteur du Drame prétendu historique. Il en convient lui même; les médisances de la Duchesse de Guise et ses querelles avec son mari, sont egalement inventées. Aucun historien n'en fait mention. [...]

Cette analyse du Drame de François II suffit bien pour faire juger que cette piece ne repond pas à ce qu'on avoit sujet d'attendre, et que rien n'est moins historique ni moins exact que ce pretendu Drame histor.

Bibliographie sélective

Manuscrits

Alençon, Archives départementales de l'Orne, fonds du chartrier de Carrouges, 34 J 7, 'Correspondance adressée par Ch. Hénault à la Comtesse de Tillières (110 pièces) (1744-1761)'.
Paris, Bibliothèque nationale, FR. 20837, 'Observations sur la tragédie en prose, intitulée 'François *II, roi de France* en cinq actes, 1747; tragédie attribuée au président Hénault', fols 31^r – 61^r.
Paris, Bibliothèque de l'Arsenal, MS. 3110, *François II*.
---.MS. 3192, *Manuscrits du président Hénault*.

Imprimés

Bizos, Gaston. « Un essai de drame historique en prose au XVIIIe siècle. Le *Francois II* du président Hénault. » *Revue d'art dramatique* 6 (avril-juin 1887): 251-64.
Horace Walpole's Correspondence with Madame du Deffand and Wiart, éd. par W.S. Lewis et W. Hunting Smith, 6 vols (Londres et New Haven: Oxford University Press, 1939).
Correspondance inédite de Mme du Deffand, avec D'Alembert, Montesquieu, le Président Hénault, la duchesse du Maine; mesdames de Choiseul, de Staal; le marquis d'Argens, le chevalier d'Aydie, etc., 2 vols (Paris: Collin, 1809).
Hénault, Charles-Jean-François, *Discours prononces dans l'Académie Françoise le Jeudy vingt-troisième de Decembre MDCCXXIII à la reception de M. le président Hénault* (Paris: Jean-Baptiste Coignard, 1723).
---. *Nouvel abrégé chronologique de l'histoire de France, contenant les Evénemens de notre Histoire, depuis Clovis jusqu'à Louis XIV, les Guerres, les Batailles, les Siéges, &c. Nos Loix, nos Mœurs, nos Usages, &c.* Sixiéme édition. Nouvelle édition revue, corrigée et augmentée, 2 vols (Paris: Prault, 1765).
---. *Pièces de théâtre en vers et en prose* (Paris: 1770).
---. *Catalogue des livres de la bibliothèque de feu M. le président Hénault* (Paris: Prault, 1771).
---. *Œuvres inédites de M. le président Hénault* (Paris: Hubert & Cie, 1806).

---. *Mémoires du président Hénault*, éd. par François Rousseau, nouvelle édition (Paris: Hachette, 1911).

---. *Nouveau dialogue des morts*, dans S. G. Longchamp et J.-L. Wagnière, *Mémoires sur Voltaire, et sur ses ouvrages* (Paris: Aimé André, 1826), II, 451-72.

Lebeau, Charles, 'Éloge de M. le Président Hénault', dans *Histoire de l'Académie Royale des Inscriptions et Belles-lettres, avec les Mémoires de Littérature tirés des Registres de cette Académie, depuis l'année M.DCCLXX, jusques & compris l'année M.DCCLXXII* (Paris: Imprimerie Royale, 1777), XXXVIII, 235-47.

Lion, Henri, *Un Magistrat homme de lettres au dix-huitième siècle. Le président Hénault 1685-1770. Sa vie, ses œuvres d'après des documents inédits* (Paris: Plon, 1903).

Monaco, Marion, *Shakespeare on the French Stage in the Eighteenth Century* (Paris: Didier, 1974).

Sainte-Beuve, Charles Augustin, 'Le président Hénault', dans *Causeries du lundi*, (Paris: Garnier Frères, 1868), XI, 215-35.

Voltaire, *Œuvres complètes de Voltaire* (Genève, Banbury, Oxford: Voltaire Foundation, 1968 -).

---. *Correspondence and related documents*, éd. par Th. Besterman, dans *Œuvres complètes de Voltaire*, vols 85-135.

MHRA Critical Texts

This series aims to provide affordable critical editions of lesser-known literary texts that are not in print or are difficult to obtain. The texts will be taken from the following languages: English, French, German, Italian, Portuguese, Russian, and Spanish. Titles will be selected by members of the distinguished Editorial Board and edited by leading academics. The aim is to produce scholarly editions rather than teaching texts, but the potential for crossover to undergraduate reading lists is recognized. The books will appeal both to academic libraries and individual scholars.

Malcolm Cook
Chairman, Editorial Board

Editorial Board

Professor John Batchelor (English)
Professor Malcolm Cook (French) (*Chairman*)
Professor Ritchie Robertson (Germanic)
Dr Derek Flitter (Hispanic)
Professor Brian Richardson (Italian)
Dr Stephen Parkinson (Portuguese)
Professor David Gillespie (Slavonic)

For a full listing of titles available in the series and details of how to order please visit our website at www.criticaltexts.mhra.org.uk

www.ingramcontent.com/pod-product-compliance
Lightning Source LLC
Chambersburg PA
CBHW070549170426
43201CB00012B/1775